1-29386

Date Due

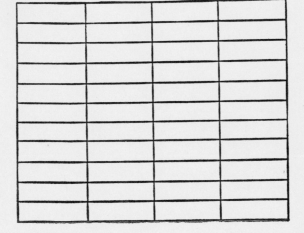

BRO
DART   PRINTED IN U.S.A.   23-364-002

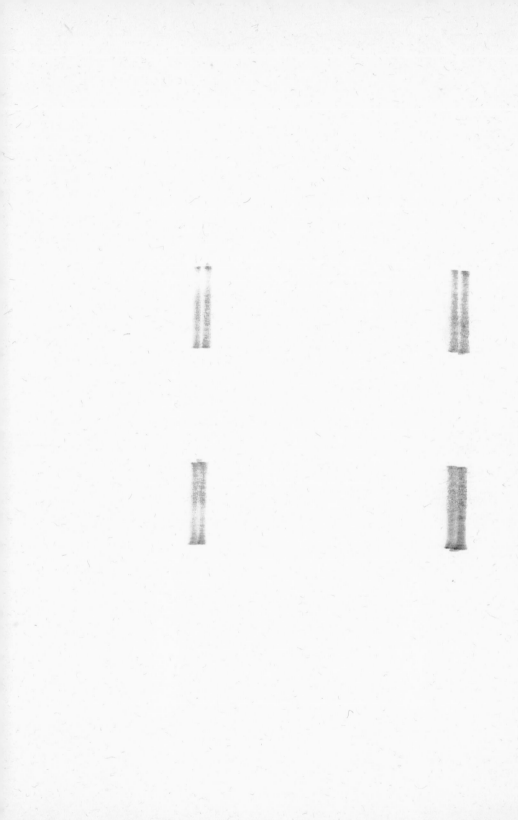

ROMANCE MONOGRAPHS, INC.
Number 17

LE TORNEIMENT ANTICRIST

BY

HUON DE MERI:

A CRITICAL EDITION

ROMANCE MONOGRAPHS, INC.
Number 17

LE TORNEIMENT ANTICRIST

BY

HUON DE MERI:

A CRITICAL EDITION

BY

MARGARET O. BENDER

UNIVERSITY, MISSISSIPPI
ROMANCE MONOGRAPHS, INC.
1 9 7 6

Library of Congress Cataloging in Publication Data

Huon de Méri, fl. 1234.
   Le torneiment Anticrist.

   (Romance monographs; no. 17)
I. Bender, Margaret O.
PQ1485.H82A73   1975   841'.1   75-33765

For Christoph

ACKNOWLEDGEMENTS

I would like to express my sincere appreciation to all who have encouraged me during my scholastic career, especially to my parents, grandmother and brother, and to the teacher whose vivid imagination first awakened my interest in the fascinating world of the Middle Ages, Professor Emanuel J. Mickel, Jr. I am also very grateful to Professors Urban Tigner Holmes, Jr., Alfred G. Engstrom and Edward D. Montgomery, whose encouragement and patient aid helped greatly in the preparation of this study. A large measure of the credit for its completion must go to my husband, Christoph, whose example of concentrated study guided me, and whose enthusiastic interest and pride in my work have been unfailing sources of inspiration.

I would also like to thank the Research Council at the University of North Carolina at Greensboro for financial assistance with this study.

TABLE OF CONTENTS

INTRODUCTION

A. Previous Editions

Huon de Méri's highly imaginative allegory of the great tournament between Antichrist's followers and the forces of Heaven had an immediate and widespread popularity in the thirteenth century. Manuscript copies of the poem are to be found in most great libraries of Europe.

As the only two editions have long been out of print, this study seeks to present an accurate, complete, as well as esthetically pleasing version of the *Torneiment Anticrist,* and to make it once again available with the further appreciation and understanding made possible by twentieth-century research and scholarship in medieval literature.

Prosper Tarbé prepared the first edition and published it in Reims, in 1851. Unfortunately, only 250 copies were printed and these were soon unobtainable.

In addition to the text of the *Torneiment,* Tarbé offers documented research on the historical background of events referred to in the story. His criticism from an esthetic point of view shows an unusually fine understanding of the medieval mind, for he appreciates the allegory from the intended standpoint rather than attempting to impose nineteenth-century standards on it, or, like one critic to be discussed later, to condemn it for lack of profound philosophical thought and for being beneath the dignity of a monk.

The second edition can also be praised highly as a thorough, scholarly achievement. Georg Wimmer presented it as his doctoral dissertation at the University of Marburg, and published it in

1888 as a volume of *Ausgaben und Abhandlungen aus dem Gebiete der Romanischen Philologie*. This edition has also been for a long time very difficult to obtain.

Wimmer's edition analyzes the language of the *Torneiment* and the relationship of the seven best manuscripts in Paris, London, and Oxford in an attempt to construct the most readable version. His work shows extraordinary diligence in preparation, for he footnotes all variants not in his base manuscript — and the number is overwhelming; far more space is taken up by these variants than by the text itself.

Wimmer also analyzes the types of rhyme and meter used, giving statistics on each, as well as presenting an alphabetized Rimarium of all the rhymes used in the poem. His analyses of language, rhyme, and meter will be discussed later; the reader is referred to Wimmer's edition, however, should he wish to consult the Rimarium, which will not be reproduced here because of its excessive length.

B. MANUSCRIPTS

Wimmer gives the following description of the seven earliest and most complete manuscripts:

A   Paris F. fr. Nr. 1593 (früher 7615) in Fol., Bl. 186r bis 207v; jede Seite enthält 2 Spalten, die Spalte zu 42 Zeilen, mit Ausnahme der letzten beiden Blätter, welche einige Zeilen weniger haben. Die Hs. ist wahrscheinlich von einem Centralfranzosen geschrieben; die wenigen dialektischen Formen sind wohl auf Rechnung der Vorlage von A zu schieben. Die Hs. stammt aus der 2. Hälfte des 13. Jahrh. Die Anfangsbuchstaben am Beginne der Abschnitte fehlen.

B   Paris F. fr. Nr. 12469 (Supl. fr. 5401), in Fol., beruht auf einer ziemlich stark überarbeiteten Vorlage und scheint nicht über die Mitte des 14. Jahrh. zurückzugehen.

C   Paris F. fr. 24,432 (N. D. 198); in Fol., 443 gezählte Blätter, Bl. 183r.-199v. Zwischen Bl. 198 und 199 befinden sich 7 ungezählte Blätter; Blatt 14-15 und

190-191 (Vers 1565-1992 unseres Gedichtes) fehlen und scheinen später herausgeschnitten zu sein. Die Hs. ist von 2 oder 3 verschiedenen Schreibern verfasst und kann nicht vor etwa der Mitte des 14. Jahrh. entstanden sein.

D   Paris Fr. fr. 25,407 (N. D. 277); in Fol., Bl. 213r.-244v.; 2 Spalten, zu 28 Zeilen; 2. Hälfte des 13. Jahrh. Zeigt vielfach normannische Formen.

E   Paris F. fr. 25,566 (La V. 81, alt 2736); die Formen zeigen, daß diese Hs. von einem pikardischen Schreiber herrührt.

L   Nr. 4417 Harl. London; in Fol., Bl. 142r.-170v.; zeigt sehr verwilderte Formen und dürfte von einem Anglo-Normannen gegen das Ende des 14. oder den Anfang des 15. Jahrh. geschrieben worden sein.

O   Nr. 308 Douce, Oxford. Bl. 250r-283v. Rührt von einem anglo-normannischen Schreiber her und ist teilweise ganz umgearbeitet und erweitert. [1]

There follows an extensive list of copies in the libraries of Turin, Vienna, Stockholm, Brussels, the Vatican, etc.

Wimmer has also closely analyzed the form and content of each of the manuscripts described above, working out a "family tree" to show the relation of each of the main early versions to a lost original which he labels "O." He explains his findings:

Fassen wir das Gesammtresultat aller dieser Betrachtungen ins Auge, so ergiebt sich für die Hss. AD, C, B (G), EL als wahrscheinlichstes Verwandtschaftsverhältniß Folgendes: A und D sind aus einer überarbeiteten Vorlage α geflossen; sämmtliche anderen Hss. führen auf eine gemeinsame Vorlage β zurück; C hat den Text von β am treuesten bewahrt und steht der Vorlage am nächsten; ausser C ist die den Hss. B (G) und EL gemeinsame Vorlage β, aus β geflossen; direkte Copien aus β, sind nicht überliefert; die stark überarbeiteten Vorlagen von B (G) einerseits und von EL andererseits, welche mit β_2 und β_3 bezeichnet werden mögen, sind zwei sehr verschiedene

---

[1] Georg Wimmer, ed., *Li Tornoiemenz Antecrit von Huon de Mery* (Marburg, 1888), pp. 1-2, hereafter referred to as Wimmer.

Überarbeitungen von β_1. So erhalten wir den folgenden Stammbaum:

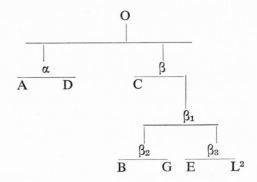

Alpha, beta and the variants of beta represent lost manu-scripts connecting the widespread and divergent versions extant. Wimmer offers an extendive study of these, comparing coincidence of errors, lines missing and lines added, finally narrowing down by a process of elimination the possibilities of inter-relationship.

He explains his choice of manuscript thus :

> Für die Reconstruction des Textes habe ich mich in Allgemeinen an α behalten; nur in den wenigen Fällen, wo alle übrigen Hss. oder nur B (G), C, EL gegen α überein-stimmten, bin ich meiner eigenen Ansicht gefolgt. Für die Orthographie ist die Schreibweise von A zu Grunde gelegt, doch sind die durch die nachfolgende Reimuntersuchung gewonnenen Resultate zur Herstellung der Sprache des Dichters benutzt worden. [3]

Wimmer has thus based the orthography of his text on manu-script A, deviating from it only when all or most of the others differ from it and are in accord, probably with the lost alpha. His choice of A, in the language of a "Centralfranzosen," is influenced by his theory that Huon was writing in a town near Paris and was not from Méri-sur-Seine in Champagne. This disputes Tarbé's theory and will be discussed later.

---

[2] Wimmer, p. 7.
[3] Wimmer, p. 8.

In preparing his edition of the *Torneiment* Tarbé used manu-
script D with supplemental help from E. Unfortunately, as Wimmer
points out, Tarbé did not feel obliged to transcribe the text with
scholarly exactness, and appears to have changed certain passages
at will:

> Die Form der Worte ist von Tarbé willkürlich geän-
> dert worden. Zuweilen nimmt er Lesarten in den Text aus
> E herüber, ohne dies in den beigefügten Varianten zu be-
> merken. An einzelnen Stellen hat er willkürlich geändert,
> so z. B. Vers 2257, 3055, 3072, 3075, 3121, 3136, 3160,
> 3322, 3402, 3481. Sonst ist Tarbé's Ausgabe mit grossem
> Eifer und Fleiß gearbeitet, namentlich sind die literar-
> historischen Notizen eine sehr dankenswerte Beigabe. [4]

Wimmer gives the impression that the variations from the
manuscript are few; however, in checking the errors mentioned
and Tarbé's general accuracy in transcribing, one finds that he
consistently modernized the spelling and syntax, added or deleted
words to adjust the line to proper octosyllabic form, and generally
sought to improve the reading of the manuscript. The overall result
is a text which bears little resemblance to the thirteenth-century
original. To illustrate this, the opening lines as they appear in
Tarbé's version are given below with the readings found in *neither*
D nor E, the only manuscripts he used, italicized:

Ci commence le *Tornoiment Antéchrist*

> N'est pas oiseus, ains fait bon œvre
> Le *trovère,* qui sa *bouche* œvre
> *Por œvre* bone conter et dire.
> Mès qui bien trœve pleins *et* dire,
> 5   Quant il n'a de matire point?
> Inclineté semont et point
> Mon cuer de dire aucun biau dit:
> Mès n'ai de *quoi;* car tout est dit
> Fors ce qui de novel avient.
> 10 Mès al *trovère* bien avient,
> Qu'il set aventure novele:
> Et face tant que la novele
> De l'aventure par *tuit* aille,

[4] Wimmer, p. 4.

Et que *son* gros françois detaille
15   Por faire œvre plus déliée. [5]

In this passage one finds an attempt to standardize spellings *(Antecrist* to *Antechrist),* words transposed and agreement of noun and adjective added *(bon œvre* or *boine œuvre* to *œvre bone);* in the fourth line, the very common abbreviation for *est* in misread *et,* which in turn causes an erroneus reading of *dire* for *d'ire.*

The present edition, like Tarbé's, is based on manuscript D; readings from A or E are used only when they offer a clearly superior text because of obvious scribal errors in D, such as an extra syllable in a misspelled proper name (e.g., Cereberus for Cerberus), an "n" where a "u" should be and vice versa, and similar mistakes. All variations from D are listed at the end of the text.

The choice of D was made after a study of manuscripts A, D and E, of both Tarbé's and Wimmer's introductions to the poem, and of analyses of the poet's origin. Both A, used by Wimmer, and D are from the second half of the thirteenth century. As will be shown later, the earliest possible date of composition was 1234, with A and D being the earliest extant versions and the most reliable.

Manuscript D is written in an extremely clear late Carolingian minuscule hand closely resembling the "lettres de forme" described by the Chanoine de Reusens:

> Voici trois spécimens de l'écriture à lettres grandes et épaisses, dont on s'est servi pour certains ouvrages de luxe particulièrement soignés, et pour les livres liturgiques, ou des parties de ceux-ci renfermant les prières qu'on récite le plus souvent à haute-voix . . . Cette écriture, qui a reçu le nom de *lettre de forme,* persista au moins jusqu'au XVIe siècle. [6]

The following abbreviations, which have been resolved in the text, are used commonly throughout the manuscript:

---

[5] Prosper Tarbé, ed., *Le Tornoiement de l'Antechrist par Huon de Mery (Sur Seine)* (Reims, 1851), p. 1, hereafter referred to as Tarbé.

[6] Chanoine de Reusens, *Eléments de Paléographie* (Louvain, 1899), p. 245.

Q' $\bar{q}$	que	
Q' q'	qui	(*que* and *qui* often used interchangeably)
3	est	
~	n, m, en, em	
ς	er, re	
'	ir, ri	
o	ro	
ρ∞	pur, pour	
Ⱒ	us	
ρ	par, per	
ῶ	ra, ua	
9	com, con	
'	ous	
ch'rs	chevaliers	

In addition, a dot is used under a letter to indicate that it should be omitted. "U" and "v," "i" and "j" have been differentiated in the text. Elaborate capitals are found every few pages, but do not seem to denote any division into chapters or episodes.

C. LANGUAGE

The language of manuscript D frequently shows traits of the medieval Norman dialect, as Wimmer pointed out. These are not extensive enough for one to classify it as being written in the dialect, however, but would rather seem to show that the poet, while writing for an audience in central France, was influenced by his own Norman way of speaking the language; some traits of his speech give an unmistakably Norman flavor to the language of the *Torneiment,* as will be pointed out in this section.

An extremely useful study in which the outstanding characteristics distinguishing medieval Norman from other French dialects are set forth has been compiled by Rogers Dey Whichard. The most important of these are listed below with examples in brackets if found in manuscript D of the *Torneiment:*

> Generally speaking, the morphology of the texts studied differs scarcely from that of the standard tongue; its outstanding characteristics, which it shares with Francian at the same time, are the declension's advanced state of disorganization and the more archaic form of the conjugation.
>
> *Declension:* ... Numerous examples are cited of the use of the accusative singular for the nominative singular [title: *Le* Torneimen*t;* line 2: *le* troverre, etc.].
>
> Adjectives are noted to be declined like nouns and violate the case rules in the same way [*mort,* nom. sing., l. 32; *plaisant,* nom. sing., l. 98].....
>
> *Pronouns.* Only a few points will be noted, those wherein Norman differs from Francian. Those which are purely phonological differences have already been noted: *mei* for *me, quei* for *que, chez* for *cez.* [*Mei* appears in line 214, but for *moi,* which is found elsewhere. *Quei* is found only once, l. 2219, and *chez* does not appear.]
>
> *Numerals.*

> ### Cardinal
>
> dui, ambedui (nom.) [3241, 281]
> dous, andous (acc.) [145, 283, etc.]
>   [deus: 2490]
> treis
> quatre [1331]
> cinc
> seis . . .
> douze [duze: 1435, 1438]
> vint [.XX. rhymes with *vint,* 1505]
> mile [534]

> ### Ordinal
>
> segont [secund: 148] [secunde: 1580]
> tierz (m.) [ters: 2498]
> tierce (f.)
> quinte [94]

Conjugation. Norman conjugation is more archaic than its declension, hence gives rise to a few remarks. The 1st person plural is written both with and without -*s.* [*serrum,* l. 276; *volon,* l. 2054]. The subjunctive is usually of the -*iam* type; this shows forms like *augiez, algent, viengent,* etc. [D uses *viegne,* l. 263, *tiegne,* 264, consistently; *tienge* in l. 3121 seems to have crept in through Norman influence.]

Differentiation is made between imperfect indicative of the 1st conjugation *(abam)* and that of the 2nd, 3rd. and 4th *(-ebam).* The first has -*oue,* written also -*aue, -oe, -oie, -eie),* and the others show -*eie.* [D usually, but not always, distinguishes: *portoit,* 916, *sembloit,* 1744, but *voleie,* 62, 205]

There is nothing to be remarked on as unusual concerning the weak and strong preterites and other verb forms not mentioned here. [7]

The most common phonological characteristics differentiating medieval Norman from Francian are as follows:

Outre un fait de graphie qui saute aux yeux et qui réflète un état phonétique, — l'usage de *u* pour désigner ce qui en francien serait *u, o* fermé, *eu: flur, dulur, ancessurs, baruns,* — trois phénomènes sont importants: *c* devant *a,* dans la plus grande partie du domaine, se maintient; la distinction *en, an* (tante et tente) se maintient aussi, et dans tout l'Ouest. En troisième lieu, le *e* fermé libre qui, en français, passe a *ei* puis à *oi,* s'arrête ici à la première étape: *fidem > fei, debet > deit.* On n'arrive jamais a *oi,* ni dans le Maine, ni en Touraine, ni en Poitou. [8]

It is in the phonology that we will find the key to the Norman origins of this work, for while the manuscript shows frequent use of traits characteristic of medieval Norman morphology (e.g. accusative singular noun and adjective forms for the nominative singular, the frequent absence of final "s" in the first person plural), the Francian forms predominate. This is not true of the phonology.

[7] Rogers Dey Whichard, "The Norman Dialect" (Doctoral Dissertation, Univ. of North Carolina, Chapel Hill, 1946), pp. 45-47.

[8] Auguste Brun, *Parlers Régionaux* (Paris, 1946), p. 44.

Let us examine the characteristics mentioned above: first, the use of *u* (sometimes spelled *ou*) for Francian *eu*. A glance at the first two lines of the poem shows that in Huon's mind the noun *oevre* ("work, deed") rhymes with the verb *oevre* ("he opens"). The fact that these two are rhymed in manuscript D is very revealing, because A, with Francian forms, spells them *oevre* and *euvre*. The noun *oevre* is spelled in the following ways elsewhere in A: *euvre* (3), *oeuvre* (15), *oevre* (3532). The peculiarity lies in the spelling of the verb *euvre* in line 2, the only time that it is spelled in this way; otherwise one finds *ouvrir* (400), *ouvri* (1292), *ouvert* (155). Why, then, this unusual verb form *euvre* in line 2?

The apparent answer is that in the lost original, the two rhymed according to the Norman pronunciation (*ouvre* and *ouvre*). The scribe of A, however, adapted the noun *ouvre* to Francian *oeuvre;* then, finding that the next line no longer rhymed, he had to change the verb to *euvre,* a form found nowhere else in the poem. The fact that in Norman speech the two rhymed, but not in Francian, points toward a conclusion that the original manuscript was probably of Norman origin.

Of many other examples that could be cited of this trait, only a few will be listed: *lur* (209, 442, etc.) as possessive adjective and in 427, 457, etc., as object pronoun; *meillur* (298), *valour* (44), etc.

The "three important phenomena" which Brun lists next will be treated briefly here also:

1. *c* stays before *a*. This is relatively rare in D, but one finds *senescal* (2350), *carme* (2705), *caucié* (707) and *cauchié* (808), *cancele* (2266), etc.

2. The distinction between *en* and *an*. This is very apparent in the rhyme, for in only three places in the entire *Torneiment* (1185-6, 1707-8, 3529-30) does the poet rhyme these sounds. This is not true of most authors east of Normandy. Renaut de Beaujeu, for example, whose language in *Le Bel Inconnu* has been described as a "mélange de formes franciennes, picardes, cham-

penoises . . ." [9] uses these rhymes frequently: devant/argent (329-330), set ans/dolens (423-4), talent/comant (477-8), etc.

3. Free closed a remains *ei,* without going to *oi.* This is found very frequently in D: *Torneiment* (title), seie/veie (2405-2406), seit (3546), etc. Furthermore, a key to pronunciation may again be found in the rhyme: *guerçoi* (drinking bout) is usually spelled with *oi,* but in lines 423-4 one reads *assai/guersai,* even though just two lines later *guerçoi* appears again. Similarly, the pronoun *soi* rhymes *with* the verb *soi* (for *je sais,* "I know") in lines 221-2: the original forms may have been *sei* and *sai.* As both these examples show, the Norman form was there and could not be eliminated without losing the rhyme.

The decision to use manuscript D for the text of this edition was based largely on the theory that its Norman forms are probably closer to the poet's original work, and that the poet himself is from an area in western France where the language had definite Norman influences. Why this is true will be discussed in the next section.

D. IDENTITY OF THE POET

Wimmer agrees with Tarbé on many points which the latter makes in his introduction to the *Torneiment.* However, as nothing is known of the poet except by speculation based on the content of his only known work, very little can be conjectured.

The poem can be dated by a reference (in lines 27-53) to a campaign which King Louis IX waged against Pierre Mauclerc, Duke of Brittany, in 1232-1235. Tarbé presents the background of the conflict:

> Les divisions de l'aristocratie devaient finir par la tuer: mais en attendant son dernier jour, elle résistait avec énergie contre l'unité politique, qui voulait l'anéantir. Les circonstances lui furent souvent favorables: elle ne les négligeait pas. C'est ainsi qu'elle exploita contre la couronne, la secte des Albigeois. Ce schisme ne prit d'importance

---

[9] Renaut de Beaujeu, *Le Bel Inconnu,* ed. by G. Perrie Williams (Paris, 1967), p. viii. Line numbers are from this edition.

et n'exposa ses partisans à de rigoureuses persécutions que lorsque les comtes de Toulouse et de Foix se mirent à la tête d'une population exaltée et voulurent relever leur indépendance à l'aide de ces soldats fanatisés: et lorsque dans cette déplorable guerre Louis VIII eut succombé, ducs, comtes et barons se hâtèrent de se liguer, moins pour ravir la régence à l'immortelle Blanche de Castille que pour secouer le joug placé sur eux par la main ferme et puissante de Philippe-Auguste. Pendant près de dix ans, la courageuse reine et son jeune fils eurent à lutter d'adresse et d'énergie contre la noblesse de France. — Vers la fin de ces troubles civils fut écrit le roman historique et religieux, que nous publions.

Philippe de France, comte de Boulogne, frère de Louis VIII, l'âme de toutes ces intrigues, mourut en 1233. Son trépas fut fatale à l'esprit d'insurrection. L'inconstant comte de Champagne se soumit encore une fois et ses troupes marchèrent sous l'étendard royal contre le duc de Bretagne. Pierre Mauclerc à son tour s'empressa de négocier, et Louis IX mit un terme à la guerre des barons.

Dès le commencement de cette campagne (1234-1235) un poète Champenois, Huon de Mery (Sur-Seine), avait joint l'armée du roi. Sans doute il avait suivi la bannière de Thibaut, pour chercher fortune comme chevalier, pour chanter la gloire des preux, comme trouvère.

La tradition n'hésite pas à le proclamer enfant de notre province. [10]

The mention (line 32) of the death of Philip, count of Bologne, makes 1233 the earliest possible year our poem could have been written, and the probability is high that it was composed soon afterwards.

It is Tarbé's thesis that because Huon mentions having fought in the king's army, he must have been part of the famous family of Méri in Champagne. He gives well-documented evidence to prove the existence of such a family:

La terre de Mery-sur-Seine est l'un des champs de bataille sur lesquels on place la défaite d'Attila. Comme seigneurie féodale, elle donne son nom à une maison, qui ne fut pas sans gloire. Elle brillait vers la première partie du xiie siècle; Hugues de Mery, vers 1123, assistait à la

---

[10] Tarbé, pp. v-vi.

fondation de l'abbaye de Coincy près Soissons. Dans une donation faite au monastère de Cheminon en 1162, par Henry comte de Champagne, figure comme témoin Gervais de Mery. Une charte de Garnier, évêque de Troyes, datée de 1194, cite parmi les bienfaiteurs du Paraclet, Hardouin et Gauthier de Mery. [11]

The weak point of his argument, however, is in his effort to connect Huon with this family. His main link involves the unlikelihood of mere coincidence of names:

> Quoiqu'il en soit, Huon de Mery fut sans doute membre de cette famille, dont l'histoire se mêle à celle des successeurs Français de Constantin. Comment aurait-il osé prendre un nom alors si connu, si glorieusement porté? [12]

Wimmer offers instead the theory that the language of the poet shows instead that he came from the tiny town of Méru, northwest of Paris:

> Die Sprache des Dichters führt zu einem ganz andern Resultate hinsichtlich der Herkunft des Dichters; er kann weder aus der Isle de France noch der Champagne gebürtig sein, sondern muß aus dem Westen oder Nordwesten Frankreichs stammen, obschon sich Spuren von einem Einfluße des Pariser Dialektes auf seine Sprache deutlich zeigen, ein Einfluß, der sich zum Teil dadurch erklären liesse, daß der Dichter schon vor der Abfassung des Gedichtes längere Zeit in St.-Germain sesshaft gewesen wäre. Die nähere Zusammenstellung der Resultate der sprachlichen Untersuchung siehe später; hier möchte ich nur als Vermutung aufstellen, daß der Dichter aus dem kleinen Orte Méru im Nordwesten von Paris stammt. [13]

Why should Wimmer choose Méru as the site of Huon's birth? Various towns from which Huon might have come are listed below and their locations indicated by the appropriate number on the map on the next page, which also shows the regions in which some of the dialects of French are spoken.

---

[11] Tarbé, p. vii.
[12] Tarbé, p. ix.
[13] Wimmer, pp. 9-10.

1. Méry-sur-Seine (Aube).
2. Méru (Oise).
3. Méry-la-Bataille (Oise)
4. Méry-sur-Marne (Seine-et-Marne).
5. Méry-sur-Oise (Seine-et-Oise).
6. Méry-Corbon (Calvados).
7. Merri (Orne).

One notices immediately on the map that there are three towns by the name of Méry or Méru in the area directly northwest of Paris, in the territory where the dialect of Ile-de-France fuses into that of Normandy: Méru itself is right in the border area. It seems therefore quite likely, once a study has been made of the language of Huon's poem, that Wimmer was right in believing Huon came from Méru, or that area, and Tarbé wrong in claiming him for Champagne.

Tarbé's second point concerns Huon's station in life: he states that he was a brave warrior seeking dangerous adventures in the tradition of the knights of the Round Table:

> Il était chevalier: c'est la position qu'il se donne. Dans tout le cours de son roman il se présente comme un émule des héros de la Table-ronde: comme eux il porte le casque et l'épée; comme eux il cherche les dangers et brave les enchantements. [14]

Wimmer argues that even a superficial reading of the poem will show that the poet makes no claim to valor:

> Nur zu häufig gesteht der Dichter im Verlaufe des Gedichtes offenherzig selbst, wie wenig er vom kriegeri- schen Geiste beseelt ist. So z. B. Vers 250-257, als Bras- de-fer auf ihn eindringt, sinkt ihm sofort der Mut, ohne Schwertstreich übergiebt er ihm seinen Degen:

> > Dont a li Mors la hante prise
> > Et la me volt el cors baignier.
> > De paor me covint saignier,
> > Quant en piez fu li Morz sailliz;
> > Trop cruaument fuise asailliz,
> > Se de li m'osase deffendre.
> > Couarz fui, ne l'osai atendre,
> > Ainz li ai m'espée rendue. [15]

Wimmer uses these lines to eliminate the possibility of Huon's ever having been a fearless knight. What he seems to miss is that at this point in the story, the narrator knows he is under the spell of some type of magic or enchantment; during the night he has seen the terrible forces of nature that would have crushed him if he had not prayed for divine help. On seeing a hideous apparition charging toward him in the costume of a knight, he senses that this is in fact a creature of Evil, although he does not yet know that it comes directly from Hell. It is not simple cowardice that causes Huon to surrender "without a swordstroke," but a feeling that he is a weak mortal without a chance in direct combat; he

---

[14] Tarbé, p. ix.
[15] Wimmer, p. 10.

even says in the passage above, "Out of fear I had to cross myself."

Wimmer then cites later passages (which Tarbé also cites and calls "la clef de ce poème") to argue that Huon was a quiet monk in a Parisian monastery, and that his great motivation to write the poem came from a burning hatred of heretical sects; his erudition only makes it more probable that he was a monk, not a knight:

> Ferner zeigt sein glühender Hass gegen die Secte der Albigenser und andere Häretiker, sein feuriger Glaubenseifer, welcher das ganze Gedicht hindurch zum Ausdrucke kommt, seine genaue Bekanntschafft mit der Bibel und dem klassischen Altertume (Vers 1779, 1911), besonders mit der griechischen Mythologie (Vers 566-599) daß der Dichter ein gelehrter Geistlicher und kein Ritter war. [16]

Tarbé's final argument in favor of Huon's secular state concerns his pride in being a *trouvère,* not merely a *jongleur* or minstrel; such a title is more in keeping with his noble background:

> Huon de Mery prend aussi le titre de trouvère et le place bien au-dessus de celui de jongleur et de menestrel. Dans plusieurs passages de son poème, il peint dédaigneusement la cupidité servile, les habitudes honteuses de ces chanteurs ambulants, de ces littérateurs à gage. Le trouvère est à ses yeux l'homme de génie qui crée, dont les autres répètent modestement les inspirations. [17]

He admits that Huon ended his life in a monastery (as the poet himself tells us in the final lines of the poem) and even acknowledges that he was at one time poor:

> C'est le chevalier, qui maudit le monde et les faiblesses humaines; c'est le moine, qui rêve le ciel et son bonheur sans fin. Huon de Méry ne fut pas heureux ici-bas: quelques vers naïfs nous le montrent pauvre, trompé par de vaines promesses, jouet des désirs, qui font le tourment de l'homme. Victime d'une passion peut-être imprudente et sans doute malheureuse, il vint demander au cloître le repos, que le siècle lui refusait. Sous les voûtes de l'église

---

[16] Wimmer, p. 10.
[17] Tarbé, p. ix.

de Saint-Germain-des-Près s'éteignit son existence trop
longtemps agitée. [18]

But it seems very unlikely that Huon would have had to suffer
such poverty if he had actually been part of the powerful Méri
family, and a great knight, as Tarbé claims. Furthermore, in spite
of repeated searching through the text of the *Torneiment,* no pas-
sages were found in which Huon scorns the "shameful habits of
these poets for hire," as Tarbé expresses it. In fact, his attitude
seems to be exactly the opposite, full of sympathy for the plight
of those dependent on the generosity of a lord for their livelihoods,
as will be shown below.

Nevertheless, it appears that since Tarbé wished very strongly
to prove that Huon was a great knight of this family — "La tradi-
tion n'hésite pas à le proclamer enfant de notre province," etc. —
he seems to have read things into the poem which are not there
and to have distorted some facts in order to provide support for
his conclusion that Huon was from his own province of Cham-
pagne.

To the arguments of Tarbé and Wimmer discussed so far, one
might add the following: it seems that both critics have over-
looked the possibility that Huon could very well have been a
wandering, worldly *trouvère* during his youth and middle age, and
then have decided at some point to retire from worldly pleasures
and distractions into the solitude of monastic seclusion, where he
gradually became more aware of the religious problems and wars
of his day — witness the famous cases of Bernard de Ventadour
and Bertrand de Born, two Provençal poets of highly varied back-
ground who both retreated to the abbey of Dalon around 1200 and
finished their lives in quiet repentance and service to God. [19]

This possibility is made even more likely by one of the most
striking aspects of this allegory of a tournament between personified
virtues and vices: the poet's intimate acquaintance with the mood
and spirit surrounding a jousting tournament. His descriptions of
lackeys fighting for rooms for their masters in crowded inns,

---

[18] Tarbé, p. xvii.
[19] Pierre Bec, *Petite Anthologie de la lyrique occitane du Moyen Age*
(Avignon, 1966), pp. 111, 128.

of their stripping vineyards in order to pitch tents when there was no place to sleep inside the town walls, of groomsmen rising to dress before dawn in order to have spirited horses saddled on time, all show that whoever wrote the poem was thoroughly familiar with the hustle and bustle surrounding the spectacle and by no means spent his life in cloistered retreat from the world.

That he was a humble observer of all this is made evident subtly, perhaps even unconsciously, by the poet himself in a line near the beginning of the tale. At Antichrist's great banquet everyone present consumes a meal of "sins against Nature" accompanied by "goblets of shame," for without shame no one could survive the meal. But Huon is proud to tell us that he partook of none of it:

> Jo n'en bui point, ne point n'en oi,
> Ne li entremés si k'a moi
> Ne vint pas, e nepurquant gié,
> Jo n'en eusse ja mangié,
> Ke ço n'est pas mes a povre home.   (467-71)

The last line is not an attack on the corruption of rich courts, but a simple, quiet statement that he, a poor man, is not "worthy" (in an ironic sense) of fare proper only to rich noblemen.

In spite of not being wealthy, Huon is by no means an uneducated man; his scholarly background is evident throughout the poem. Who was he then? Two other short passages strongly support the theory that he was for some time dependent on the generosity of great lords. Both involve descriptions of a virtue who plays a major role in the poem: Largesse. As he describes her shield, he adds:

> Mes Largesce, si cume moy samble,
> Trop gentement se deportoit:
> .I. escu a sun col portoit
> Qui n'estoit enfumé ne viés;
> C'estoit li escu losengiés;
> De Pramesses e de Biaus Dons,
> A .I. quartier de guerredons
> Des armes au grant Alexandre,
> Qui, pour tout doner e espandre,
> A .I. label de Overtes Mains.

Li chevalier n'est pas du mains
Qui tel ecu a sun col pent.
C'est cil qui largement despent
E pramet poi e done assés,
Qui ja ne puet estre lassés,
Que toz jors ne doint a deus mains,
Pramet et tent a tut le mains,
Si le don ne lui vient a main.
Nul ne doit attendre demain
S'il a que donner en present,
Mes au demandeour present
Le don que sa main li presente.
Dons tardis, pramesse presente:
C'est don sans sel e sans savor.
Itel don, quant bien l'asavor
Truis si froit, si mal savoré,
Que quant bien l'ai asavoré,
Mal savouree savor a,
E s'unques nul asavora
Pramesse, cil doit bien savoir
Quele savour el puet avoir,
Kar jo, qui l'ai asavouree,
La truis si mal savouree,
Si peisant, si froide et si fade,
Que savor ne truis, qui seit sade,
Fors .I. poi de sel d'espérance;
La mouche de desesperance
Se sus tel pramesse s'embat,
Le sel d'esperance en abat;
Car quant tel mouche s'i ajete
Tote bone esperance en jete,
Si que bien di, tot en apert,
Que tel dounor sen don pert.   (1604-1682)

Huon is clearly bitter over promises never kept, or gifts given after such long waiting that no pleasure is felt in receiving them. This is also evident in the following passage, which describes the aftermath of the battle in which Avarice cut off the right hand of Largesse:

Se la vertu a roi celestre
Ne rent a Largesce sa main,
Par tant serront Franchois Romain,
Qui semblent estre mer e puis
De Largesce; mes or ne puis

Dire k'il soient large, non:
Largesce n'a mais que le non,
Largesce n'a mais le cuer sain;
Sa main senestre a en son sain
E la destre lui est coupee...   (2390-99)

Pur son meschief sont coi e mu
Cil menestrel, e decordent
Lor poins e si se desconfortent,
E gietent lor tabors en loing
Pur Largesce, qui a plain poing
Lor seut doner...   (2410-15)

Car jo sai bien que ne puet estre
Que Largesce a la main senestre
Feïst biau don, ne ne quit pas
S'ele faisoit, qu'isnele pas
Le feïst, ains s'atarderoit
Tant, que le don qu'ele donroit
Devendroit tel pur l'atendue
Que ja n'iert merci rendu.   (2443-50)

Again one hears clear tones of disappointment, of bitterness at having to struggle while waiting on a lord's pleasure. Would a monk or wandering friar have been subject to such anxiety, to such fear of poverty? It is hardly likely, for the Church, noble families, and even the humblest peasants were ready to offer them lodging and sustenance. But a *trouvère* could not always depend on such preferential treatment.

Further clues about the poet's station in life can be read between the lines if one looks carefully at other aspects of the *Torneiment:* first, his use of heraldic terminology. Although Tarbé says that Huon "déploie une grande érudition dans la science du blason," [20] a closer look does not reveal such knowledge. Someone associated with courtly life could easily describe shields; however, if one read the descriptions closely, it becomes apparent that Huon's understanding of this art, which was well developed by the mid-thirteenth century, did not extend beyond familiarity with the names of the most important charges, furs, and tinctures; he repeats these many times without ever describing a shield in detail.

---

[20] Tarbé, p. xiii.

Furthermore, in the lengthier descriptions he tells the allegorical source of the charges without ever leaving the reader or listener with a clear visual image. Typical is the shield born into battle by Hypocrisy:

> C'est li escu de faus argent
> A une bende d'Eresie
> Flouretté de Malveise-Vie,
> A .I. blasme de Malvestié,
> A l'engeignie de Faitié,
> A .I. label d'Iniquité;
> A .I. faus escucel en mi
> Paint de Fause-Religion.   (858-67)

But since the subject matter we are dealing with in this case is allegorical, one may conclude that these heraldic terms are a device which the author has skillfully woven into his story in order to show the relationships of various sins or virtues, so that the listener may condemn or praise each more vigorously.

An examination of the poet's description of the armed encounters between the forces of Good and Evil yields more clues about what must have been a life rich in experience. The vivacity of the details, the use of technical terminology for many different types of thrusts, parries, attacks, counter-attacks, etc., as well as Huon's familiarity with weapons and armor used in defense, all lead one to believe that this could have been written only by someone who had watched often and at close range as knights battled in tournaments. He knows when each instrument is used and what effect it could have on certain points in the adversary's armor, as can be seen in the violent combat of Antichrist with Michael the Archangel:

> L'escu a pris par les enarmes
> E broche contre Michel l'ange,
> E l'escu cum .I. drap de lange
> Li a troé a cele empainte
> E la lance de deabliaus painte
> Qui au ferir esclate e froisse;
> E Michel par si grant angoisse
> La lance en mi l'escu li plante,
> Qu'il lui fait l'une et l'autre plante
> Par force faillir des estriers.

> Mes fort fu li archon deriers,
> Si qu'il n'esclate ne n'esloisse.
> Son coup esturt, sa lance froisse,
> Ou avoit paint maint angelot...   (2920-33)

> As fors espees acerines
> Ferent come fevre sus englume,
> Si que du fer le feu alume
> E en vole mainte estincele.
> Michel li fent e escartele
> Le hiaume agu de chief en chief...   (2948-53)

And yet, as already mentioned, Huon himself makes no attempt to show personal valor by participating in the tournament as a combatant. At one point he even says, as he watches Pride attack Humility:

> E de peor me seignai lor
> Plus de .C. fois en .I. randon,
> Quant Orgoil vint frain abandon
> Contre ma Dame Humilité   (2812-15)

Huon's only active participation in the plot of the *Torneiment* (aside from his role as narrator) comes as Venus pursues Virginity with an arrow of temptation; Virginity hides, but our poet seizes the shaft as it streaks by. It plunges deep into his heart, making him suffer great anguish in spite of help from Love and Hope. Through it all, his suffering is of an emotional or spiritual nature; as befits his poem, the only way to heal his wound is through Confession.

The theory that Huon, a man of the world, could have become a monk and written this allegory is further reinforced by his great show of burning hatred of heretical sects. In the first place, he tells us, he was on Louis' side at a time when many noble families were rebelling against royal encroachment on their feudal rights and privileges. They were using the Albigensian cause as a tool to stir up their towns and lead them in rebellion against the French king. Huon is here a loyal subject writing about his king's enemies, and he shows hatred which has only been intensified by his retreat from the world and devotion to service of the true Church.

Furthermore, as he composes his poem in the seclusion of a monastery, this hatred of heretics (which was no doubt sincere) probably also earned him the approving praises of superiors who may have had doubts about the sincerity of this worldly *trouvère's* conversion.

E. THE FORM

It is even more difficult to doubt that Huon was a professional *trouvère* if one looks closely at the form and style of the *Torneiment Anticrist*. As the reader will have noted from the passages already quoted, it is composed in octosyllabic rhymed couplets; the caesura is usually after the fourth syllable.

Enjambement is not infrequent, however; examples may be found on almost every page and are especially common in dialogue, where the poet uses it skillfully to give energy and emphasis to the rhythms of conversation:

> —Covient-il dunk que jo te sive?
> —Oil! dist-il, ou pais ne trive
> N'auras, k'orendroit ne t'ocie.
> Lors li dis: —En ta compaignie
> Irai, puis k'aler m'i covient.
> Mes qui est le sire qui vient
> Apres toi, e coment a non?
> —Jol te dirai, non ferai non,
> Dist-il, mes munte sanz arest!
> Quant serrum hors de la forest,
> Quant que tu sauras demander
> Te dirai sanz contremander.   (267-278)

Although he occasionally uses assonanced rhyme (Reverie, Frenesie, 721-22, etc.), rich rhyme is most common throughout the poem. Leonine rhyme is also frequent; Wimmer has compiled statistics on the percentage of each type used and states that there are 443 leonine pairs, i.e., 25% of all rhymes. Of this 25%, 9 1/3% are of the so-called "rime équivoque," in which the next-to-the-last syllable also rhymes, e.g., *bele a devise, qui la devise* (3107-08), *e dez piz, e despiz* (649-50). [21]

Huon is also familiar with such classical devices as *repetitio* and seems to enjoy using one word or syllable over and over

---

[21] Wimmer, pp. 11-12.

with as many meanings as possible. A notable example is "-corde," which he expands with prefixes and suffixes into nouns and verbs, using it 24 times in 20 lines (1299-1318), with thirteen different meanings.

Finally, Huon is probably one of the earliest poets to employ the device of synesthesia, a subjective sensation or image of a sense other than the one being stimulated, when he describes in lines 3256-65 the melodious and perfuming qualities of sparkling wine from the divine cellars.

F. SOURCES

It seems appropriate and necessary to precede a discussion of the *Torneiment*'s literary sources with a brief historical outline of the origin of the Antichrist legend and its effects on medieval thought. The accumulated store of mythological and religious writings on the subject is vast, however; a detailed review of these and of historical research in this area is not within the scope of this study. [22]

In brief, this concept of a semi-deified Evil Being could probably be traced back to the dawn of man's culture, to the primitive religions of prehistoric cave dwellers, if records were available. One finds very early traces of it in two cultures that were at least geographically close to one another, if not spiritually: that of the Judaic tribes in Palestine, and that of various groups in Asia Minor and Egypt. The current manifested itself in the latter in the worship of Isis, Osiris and the evil Seth, and later in Mithraism, which preserved the old Zoroastrian doctrine of an unending struggle between the forces of light and the forces of darkness — a concept which would reappear in Manicheism.

In the Judaic tribes, one finds the idea in Old Testament prophecies to be examined below. Both groups approached the concept of a struggle between forces of Good and Evil from points of view which, in the Christian religion, seem to have merged and reinforced one another by the twelfth century.

---

[22] For an excellent survey of the legendary and historical background, see the Introduction to John Wright's translation of *The Play of Antichrist* (Toronto, 1967), pp. 13-40.

One of the earliest written records of the concept can be found in the prophecy of Daniel:

> After this I beheld in the vision of the night, and lo, a fourth beast, terrible and wonderful and exceeding strong. It had great iron teeth, eating and breaking in pieces and treading down the rest with its feet: and it was unlike to the other beasts which I had seen before and had ten horns.
>
> I considered the horn, and behold another little horn sprung out of the midst of them: and three of the first horns were plucked up at the presence thereof. And behold eyes like the eyes of a man were in this horn, and a mouth speaking great things.
>
> (Daniel VII: 7-8)

> I beheld, and lo, that horn made war against the saints and prevailed over them,
>
> Till the ancient of day came and gave judgment to the saint of the most High, and the time came, and the saints obtained the kingdom.
>
> And thus he said: The fourth beast shall be the fourth kingdom upon earth, which shall be greater than all the kingdoms and shall devour the whole earth and shall tread it down and break it in pieces.
>
> And the ten horns of the same kingdom shall be ten kings; and another shall rise up after them, and he shall be mightier than the former, and he shall bring down three kings.
>
> And he shall speak words against the High One and shall crush the saints of the most High. And he shall think himself able to change times and laws: and they shall be delivered into his hand until a time and times and half a time.
>
> And judgment shall sit, that *his* power may be taken away and be broken in pieces and perish even to the end.
>
> (Daniel VII: 21-26)

Modern scholars are generally agreed that the "little horn" mentioned in verse 8 above refers to Antiochus Epiphanes, a tyrannical king of Syria who reigned 174-164 B.C., famous for persecuting the Jews and defiling the temple at Jerusalem by sacrificing swine on its altar. He added definite traits to the concept including especially the idea that he was God's enemy on earth whose coming had been foretold by prophecy. [23] Various rulers in the Middle Ages were identified as Antichrist during situations of crisis; a notable example is Frederick II from 1215 onwards with his wars against Pope Innocent III.

That the Antichrist legend should have political overtones by Huon's time is no surprise if one considers the three works which, probably more than any others, led to its widespread diffusion.

The first of these appeared in the second half of the fourth century A.D. and is known as the "Tiburtine Sibyl," or *Tiburtina*. [24] It is a set of prophecies which arose as a result of the assasination of Emperor Constans I, successor to Constantine, under whom orthodox Christianity had become the official religion of the empire. After his murder in 350 A.D. his brother Constantius II, a believer in the Aryan heresy, became emperor, causing great distress among orthodox Christians.

According to the *Tiburtina,* Constans will return in triumph

> for a reign that will last more than a century. It will be a time of comfort and abundance ... Constans will defeat the pagans; the Jews will be converted to Christianity; finally the Emperor will go to Jerusalem and offer up his crown to God. After this Antichrist will come; his brief reign ... is followed by ... his destruction and ... the End of the World. [25]

A second collection of prophecies less relevant to this study, but also involving Antichrist, is a collection of "oracles" written after the successful spread of the Islamic religion in the seventh century:

> The collection was falsely ascribed to the fourth-century bishop Methodius of Patara and is therefore known as the *Pseudo-Methodius*. It describes the devastation wrought on the Christians by the followers of Islam, here called "Ishmaelites," and predicts the re-awakening of a long-sleeping Emperor who will defeat the "Ishmaelites" and

---

[23] Mazar, Benjamin, *et al.*, eds., *The Illustrated Family Encyclopedia of the Living Bible* (Chicago, 1967), Vol. 11, pp. 16, 25.

[24] Ernst Sackur, *Sibyllinische Texte und Forschungen* (Halle, 1898), pp. 177-187.

[25] John Wright, *The Play of Antichrist,* p. 21.

eventually give up his crown in Jerusalem; the usual
advent of Antichrist and Last Judgment follow.

Despite the official opposition noted above, millennial
prophecies, and the *Tiburtina* and *Pseudo-Methodius* in
particular, were immediately popular; both works were
copied and circulated widely throughout the Middle Ages
and even into the Renaissance. [26]

The fact that the legend of Antichrist was so popularly known
by Huon's time seems due not only to these prophecies, however,
but also to an extremely widely-read letter known as the *Essay
on Antichrist,* written by the French monk Adso to Gerberga,
Queen of France, in the tenth century. In it Antichrist's conception,
birth, life and death are paralleled to Christ's. To give two short
examples, first let us examine the account of his conception:

> At the very beginning of his conception, the devil will
> enter with him into his mother's womb, and by the devil's
> strength he will be fostered and protected in his mother's
> womb, and the devil's strength will be with him always . . .
> the devil will go down into the womb of Antichrist's
> mother and fill her completely, possess her completely
> inside and out, so that she will conceive by man with the
> devil's assistance, and what is born will be completely
> foul, completely evil, completely ruined. [27]

He will be born in Babylon, according to Adso, and will grow
up learning "iniquity, trickery and wicked art." [28] After he has
seduced kings and nations into following him, he will eventually
be destroyed by Christ's power. After his destruction, "the Lord
will allow the elect 40 days to do penance, because they were
seduced by Antichrist." [29]

An important point in the letter, directed to the French queen,
is that

> as long as the kings of the Franks, who possess the Roman
> Empire by right, survive, the dignity of the Roman Empire
> will not perish altogether, because it will endure in the

---

[26] *Ibid.,* p. 22.
[27] *Ibid.,* p. 103.
[28] *Ibid.,* p. 103.
[29] *Ibid.,* p. 109-110.

French kings. Indeed, certain of our learned men tell us that one of the kings of the Franks, who will come very soon, will possess the Roman Empire in its entirety. [30]

This point has been firmly grasped by Huon, who repeatedly hails Louis IX as the king who will crush out heresy, saving the Christian world from apostasy and Antichrist. Although Adso's letter has hardly any literary value, its influence in popularizing the Antichrist legend was strong for several centuries.

But just exactly what was this heresy, and how did Antichrist enter the picture? Huon refers to the heretics variously as "Bougres" (Bulgarians), "Chartain" (Cathars), "Albijois" (Albigensians), "Puplicans" (Publicans), and "Tisserans" ("pour gagner leur vie, ils ont souvent adopté ce métier de tisserand qui leur paraissait symboliser le mieux leur désir d'acquérir les vêtements spirituels.") [31]

Tarbé gives an excellent summary of the background of the heresy:

> Vers l'an 1100, une secte venue de Bulgarie, pénétra dans le Midi. Ses principes étaient empruntés les uns au manichéisme, les autres aux hérésies d'Arius. La hardiesse de ses thèses, la nouveauté de propositions, qu'on avait oubliées, excitèrent naturellement l'attention des âmes ardentes et inquiètes. L'esprit de controverse se réveilla; et l'on s'abandonna bientôt aux discussions les plus mystiques. . . . Les nouveaux schismatiques avaient fini par établir leur quartier général dans le midi de la France, dans les murs d'Alby: aussi les nommait-on Albigeois. Ils soutenaient que . . . deux Christs avaient dû venir dans le monde, l'un pour pervertir l'homme et le rendre malheureux, l'autre pour le sauver et le conduire au ciel. Le mauvais Christ, disaient-ils encore, est venu; c'est lui, que les chrétiens appellent le Fils de Dieu. La terre attend encore le vrai Messie. [32]

One may gain a more concrete idea of why Huon should have called these heretics "Antichrists" by examining the following

---

[30] *Ibid.,* p. 106.

[31] S. Hannedouche, *Manichéisme et Catharisme* (Arques, France, 1967), p. 18.

[32] Tarbé, p. x.

statements made by Reinéri Saccho, who had once been a Catharist but became in 1254 an Inquisitor. He observed that

> ... they were divided into three divisions — Albanenses, Concorezenses and Bognolenses ... The opinions *common* to them all were:
>
> (1) The Devil made the world and all things in it.
> (2) All the Sacraments of the Church are of the Devil, and the Church itself is a Church of malignants.
> (3) Carnal marriage is always a mortal sin.
> (4) There is no resurrection of the flesh.
> (5) It is mortal sin to eat eggs, flesh and such-like.
> (6) It is mortal sin for the secular power to punish heretics or malefactors.
> (7) There is no such thing as Purgatory.
> (8) Whoever kills an animal commits a great sin.
> (9) They had four Sacraments: (a) Imposition of hands, called Consolamentum; ... (b) Benediction of the Bread; (c) Penance; (d) Orders.
>
> To the Catharists of Toulouse he ascribes the following doctrines (which they held in common with the Albanenses):
>
> (10) There are two principles, Good and Evil.
> (11) There is no Trinity in the Catholic sense, for the Father is greater than the Son and the Holy Ghost.
> (12) The world and all that is in it were created by the evil God.
> (13) They held some Valentinian ideas.
> (14) The Son of Man was not really incarnate in the Virgin Mary, and did not eat — in short, Docetism.
> (15) The patriarchs were the servants of the Devil.
> (16) The Devil was the author of the Old Testament.
> (17) The world will never end.
> (18) The Judgement is past.
> (19) Hell is in this world. [33]

Compare these views with the following passages from the epistles of St. John, the only place in the Bible where the name "Antichrist" occurs:

---

[33] H. J. Warner, *The Albigensian Heresy* (New York, 1967), Vol. I, pp. 52-54.

I John 2:18.

Little children, it is the last hour: and as you have heard that Antichrist cometh, even now there are become many Antichrists: whereby we know that it is the last hour.

I John 2:22.

Who is a liar, but he who denieth that Jesus is the Christ? This is Antichrist, who denieth the Father and the Son.

II John 1:7.

For many seducers are gone out into the world who confess not that Jesus Christ is come in the flesh. This is a seducer and an Antichrist.

With such a direct indictment of their beliefs available to him in the New Testament, it is not hard to see why Huon should call these heretics "Antichrists." He is quite vehement in advocating repression of the sect, and probably would have agreed with the legendary words attributed to the papal legate during the massacre of Béziers: "Kill them all! God will know his own!" [34]

Huon's ardor in urging the stamping out of heresy allows no mercy:

> Sainte-Fois lor vint devant
> E le maistre de Sainte Iglise,
> Qui ont si bien la guerre emprise
> Que dampné furent tuit errant
> Li Aubijois, li Tiserant,
> E pris e repris a .I. point
> De la foi, dont ne tienent point
> Par lor interpretacions.
> Mais lor fauses opinions
> Cerche tant Seinte Yglise e preuve
> Que de mauveisté les repreuve,
> E Sainte-Fois porte Heresie

---

[34] Now considered apocryphal, these words were attributed by the Cistercian monk Césaire d'Heisterbach to the legate Arnauld during the siege of Béziers in 1209; he repeats them as given to him in a report: "fertur dixisse, Caedite eos, novit enim Dominus qui sunt eius." See Warner, *op. cit.*, Vol. II, p. 52, note 2, and Ernest Fornairon, *Le Mystère Cathare* (Paris, 1964), Appendix IX, p. 204.

Sus l'escu paint de Symonie
Entre les piés as Tisserans
E lui e les Puplicans
A fait livrer a la justice.
E Droit, qui Fauseté justice,
Lor fist faire de dampnement
A tous ensamble .I. jugement
Selonc ço que orrent meserré,
Car tous les fist ardoir en ré,
Maintenant qu'il furent repris.
De ço lo-je Justice, e pris
Que sans merci tous ces prisons
Fist devenir cendre et carbons.   (2780-2804)

We now turn from the historical sources upon which Huon's poem is based to the literary sources which influenced him as he composed his epic.

He repeatedly pays high tribute to the two direct sources of his inspiration: two twelfth-century poets, Raoul de Houdenc and Chrétien de Troyes. Raoul's *Songe d'Enfer,* [35] the story of a dream in which he descends into Hell and takes part in a feast served by the Devil, has inspired Huon with the idea of the banquet in the town of Desesperance where Antichrist serves "tuz les mes Raoul de Hodenc." The list of these dishes is extensive and highly repulsive; it is to Huon's great credit that he does not indulge in such thorough details as Raoul seems to revel in concerning the foul nature of each, for it would only have detracted from the decorum evident throughout the rest of his poem.

To Chrétien de Troyes, "cil qui tant out pris," and his *Yvain ou Le Chevalier au Lion* Huon owes the setting of his story, the enchanted forest of Broceliande, and the idea of a search there for a magic fountain where all his adventures begin. [36] His humility before such great *trouvères* seems genuine, for he says that if he can glean a few ears of grain after the masters have reaped the harvest (of great stories), he will indeed feel rewarded.

---

[35] Philéas Lebesgue, ed., *Raoul de Houdenc: Le Songe d'Enfer* (Paris, 1908), lines 420-603.

[36] Jan Nelson, *et al.,* eds., *Chrétien de Troyes: Yvain ou Le Chevalier au Lion* (New York, 1968).

A more important source, however, is never mentioned by the poet; this was Prudentius' *Psychomachia,* or Battle for Man's Soul, a religious epic poem written in Latin around the end of the fourth century A.D. Prudentius' poem gave rise to many imitations; allegories of a similar nature were very popular in the Middle Ages, but Huon refers only to Raoul de Houdenc as his inspiration for the idea of a battle between the Virtues and Vices.

Perhaps he was unaware of the existence of the *Psychomachia* in its original form, but there is no doubt that he read at least an adaptation of it, not only because of the close relation of the subject matter of the two poems, but because of lines in both of them referring to the same passages in the Old and New Testaments, notably in Ezechiel and Revelations. Compare the following lines from the *Psychomachia* describing the temple designed by Concord, with a passage in the *Torneiment* describing the city of Espérance; details in both are based on the description in Revelation XXI of the New Jerusalem, and of the temple in Ezechiel XL:

> Aurorae de parte tribus plaga lucida portis
> inlustrata patet, triplex aperitur ad austrum
> portarum numerus, tris occidualibus offert
> ianua trina fores, totiens aquilonis ad axem
> panditur alta domus, nullum illic structile saxum,
> sed cava per solidum multoque forata dolatu
> gemma relucenti limen conplectitur arcu,
> vestibulumque lapis penetrabile concipit unus.
> portarum summis inscripta in postibus auro
> nomina apostolici fulgent bis sena senatus . . .
>
> (830-839)

> occurrit trinum quadrina ad compita nomen,
> quod bene discipulis disponit rex duodenis.
> quin etiam totidem gemmarum insignia textis
> parietibus distincta micant, animasque colorum
> viventes liquido lux evomit alta profundo.
>
> (849-853) [37]

---

[37] Aurelius Prudentius Clemens, *Psychomachia,* trans. H. J. Thompson (London, 1949). "On the side of the dawn stretches clear a quarter lit up by three gates; three gates open towards the south; three entrances present three doors to the west; and as many openings does the lofty house show towards the pole of the north. No building-stone is there, but a single gem, a block through which much hewing has pierced a passage,

Huon describes Espérance as follows:

> Ezechiel, qui la devise,
> Dit qu'ele a devers orient
> Quatre portes, e vers occident
> Autant, e par verité vous di,
> C'autant en a devers midi
> E tout autant par devers bise.
> N'erent pas fait de pierre bise
> Li mur dont ele estoit fremee,
> Car ele estoit close e pavee
> De pierres precioses toute.
> E sachiez bien, sanz nule doute,
> Que li ange guaitent tous jors
> La cité de nuit e de jors.
> Ço ne tienge nul a merveille,
> E se nul est qui s'en merveille
> Le prophete Ezechiel lise,
> Qui si cointement la devise
> C'aprés son devis n'i os mettre
> Ne mot ne silebe ne lettre.
> Mes itant di a la parsome,
> Que Ezechiel la cité nome
> Jerusalem, e jo Esperance.   (3108-3129)

Although both Prudentius and Huon were inspired by Ezechiel's description of Jerusalem, Prudentius' version seems to have been written with the original text before him, as can be seen by comparing it to the passage below from Revelation, while Huon's seems to rely on memory, deferring to the prophet's greater skill with words:

> And he took me up in spirit to a great and high mountain: and he shewed me the holy city of Jerusalem, coming down out of heaven from God.

---

frames the doorway with a shining arch, and a single stone forms the entrance-court. On the tops of the gateways gleam the twelve names of the apostolic senate inscribed in gold.... Three names present themselves at this meeting-place of ways on each of its four sides, where the King sets them out in honour of his twelve disciples. And more, the same number of gems, set singly in the fabric of the walls, sparkle conspicuously, and out of their clear depths the light from on high pours living, breathing colours."

Having the glory of God. And the light thereof was like to a precious stone, as to the jasper stone even as crystal.

And it had a wall great and high, having twelve gates, and in the gates twelve angels, and names written thereon, which are the names of the twelve tribes of the children of Israel.

On the east, three gates: and on the north, three gates: and on the south, three gates: and on the west, three gates.

And the wall of the city had twelve foundations: and in them, the twelve names of the twelve apostles of the Lamb.

(Revelation XXI: 10-14)

To cite one further example, later in the *Psychomachia* one finds Wisdom enthroned over the high court of virtues, holding a scepter:

huius forma fuit sceptri gestamen Aaron
floriferum, sicco quod germina cortice trudens
explicuit tenerum spe pubescente decorem
inque novos subito tumuit virga arida fetus. [38]

(884-887)

Huon describes the Virgin enthroned, also holding as a scepter the rod of Aaron. He brings in at this point the twelve gems Prudentius mentioned above; however, in Huon's version they are set not in the temple walls, but in the Virgin's crown:

Duze pieres en sa corone
Assez precioses e dignes,
Duze estoiles e .XII. signes
Ot neelees en la letre.
En sa main tint en liu de ceptre
La verge Aaron qu'est florie.   (1438-1441)

---

[38] Thompson, trans.: "This is the scepter that was prefigured by the flowering rod that Aaron carried, which, pushing buds out of its dry bark, unfolded a tender grace with burgeoning hope, and the parched twig suddenly swelled into new fruits."

The Biblical passage reads:

>   And Moses spoke to the children of Israel: and all
> the princes gave him rods one for every tribe. And there
> were twelve rods besides the rod of Aaron.
>   And when Moses had laid them up before the Lord
> in the tabernacle of the testimony:
>   He returned on the following day and found that the
> rod of Aaron for the house of Levi, was budded: and that
> it had bloomed blossoms, which spreading the leaves,
> were formed into almonds.
>
>   (Numbers XVII: 6-8)

In spite of such similarities between the two works, there are
fundamental differences between the *Psychomachia* and the *Tor-
neiment*. Prudentius tells us the story of an epic battle for Man's
Soul; he has the Virtues deal directly and mercilessly with the
Vices, relishing the savagery of battle and dwelling at great length
on the most gory aspects of the killing. Huon's treatment is less
brutal; shame and mockery accompany each Vice's defeat rather
than savage revenge. The Virtues, who at times show mercy only
to have it repaid with treachery, exhibit great largesse and nobility
of purpose, traits much admired in the Middle Ages. [39]

Huon's epic was not the only poem of his period based on
the Antichrist theme. Another, the *Play of Antichrist* (circa 1160)
has been called "the most ambitious Latin drama we possess." [40]
Its subject matter, the end of the world and Last Judgment, bears
no relation to the Torneiment, for it concerns the Holy Roman
Emperor's attempt to bring the whole world under Roman rule.
Despite much opposition he succeeds; Antichrist then appears and
persuades all the assembled kings that he is divine by means of
intimidation and false miracles.

Five other less-known works also bear mention at this point
as they concern the Antichrist legend and were written in French
in the thirteenth century; two of these were written in England.

---

[39] For an interesting study comparing the *Psychomachia* and the Roland
epic, see Emanuel J. Mickel, Jr., "Parallels in Prudentius' *Psychomachia* and
La Chanson de Roland," *Studies in Philology*, LXVII 4, October, 1970.

[40] Wright, p. 11. For the original Latin text, see Karl Young, *The Dra-
ma of the Medieval Church* (Oxford, 1962), pp. 371-387.

They all follow the general line of story outlined above for the *Play of Antichrist*, with the addition of details concerning the destruction of the world. Since they bear no direct relation to Huon's work, four of these will be noted only in the brief description Paul Meyer gives them in his monumental *Histoire littéraire de France:*

> Antéchrist. On connaît au moins trois poèmes français sur l'Antéchrist:
>
> 1.   Un poème composé en Angleterre par un templier nommé Henri d'Arci. La versification en est fort incorrecte; on peut cependant supposer que l'auteur a visé à faire des vers alexandrins rimant deux par deux ... Premier vers:
>
> Si d'Antecrist volez oïr la memoire.
>
> 2.   Poème en vers octosyllabiques, composé, dans la première moitié du XIIIe siècle, en Lombardie ... Premier vers:
> Pour ce que je sai le françois.
>
> 3.   Poème en vers octosyllabiques, compris dans la compilation que Geufroi de Paris a intitulée *La Bible* ... Premier vers:
> Oez por Dieu et por son non.
>
> 4.   Poème composé en Angleterre au XIIIe siècle et qui n'a pas l'Antéchrist pour sujet unique. La versification en est très irrégulière ... Premier vers:
> Seignurs, vous qe en Dieux creez. [41]

Finally, there exists also a relatively short poem (812 lines) known as *L'Antéchrist de Bérengier,* [42] also from the thirteenth century. This again concerns Antichrist's coming and the end of the world, but differs in details of his parentage and exact means of wreaking havoc among Christians.

The above descriptions point out two things: first, the great popularity of the Antichrist legend as a subject of literary works,

---

[41] Paul Meyer, *Histoire littéraire de France* (Paris, 1906), Vol. XXXIII, p. 339.

[42] This and the second poem described by Meyer are published in *Deux Versions inédites de la légende de l'Antéchrist,* ed. E. Walberg (Lund, Sweden, 1928).

a popularity due both to the moral values these works were supposed to inspire and to the entertainment they provided to people who were much interested in the idea of such a being.

Second, a comparison of Huon's treatment of this idea to any of the various works described above will put into high relief the originality of his approach, fascinating to contemporaries long acquainted with Adso's version of the story. Since Huon lived in an age whose scholars and writers valued form much more highly than content or new ideas, and therefore did not often seek to create original plots but rather to re-tell and elaborate long-familiar stories, Huon's unique new approach to a popular subject matter must account at least in part for the widespread appeal on many social levels of *Le Torneiment Antichrist*.

G. CRITICAL ESTIMATE

From the preceding discussion, one can see that lively detail is one of the aspects of the *Torneiment* which makes it an exciting poem. It could almost be called a *chanson de geste* in parts, were it not for the fact that the characters are all allegorical and supernatural, except for the narrator. Like Dante in the *Divine Comedy*, Huon describes his own role in the events taking place. In fact, it seems even quite possible that this allegory may have influenced the great Italian poet.

In true medieval fashion, Huon brings in every possible aspect of Good and Evil, running the gamut of personified virtues and vices (Charity, Murder, Lechery, etc.), celestial beings (God, the Virgin Mary, Christ, legions of angels and archangels), infernal beings of Christian and mythological origin (Antichrist, Cerberus, Neptune), heroes of medieval romances (Arthur, Lancelot, Yvain, etc.), members of heretical sects (Albigensians, Bulgarians), and finally the social or ethical virtues expected of courtly noblemen (Courtesy, Largesse). All are present and actively participate as combatants or, as in the case of the Virgin Mary, as spectators whom all aspire to honor by their victories.

One might think that so great a range of characters would overwhelm the story and result merely in a jumbled listing of every virtue and vice the author could force into it. It is due to Huon's beautiful planning and organization of his poem that this does not happen, but that rather each important character is introduced and his suite described. It is here that the number of characters becomes so lengthy. Later, however, only the important and interesting main personages are brought back for a role in the main events of the story.

In spite of its great merit, this allegory has been almost totally ignored in twentieth-century criticism, where one occasionally finds it mentioned solely because of Huon's high praise for Chrétien de Troyes and Raoul de Houdenc, whose works inspired the composition of the *Torneiment*.

It seems very fitting to begin our survey of critical opinion with the learned Claude Fauchet, president of Henri III's Cour des Monnoyes, and recognized as "the man who founded the study of mediaeval French literature"; [43] he is also the first modern critic of the *Torneiment*.

In a very interesting article on Fauchet's library, which was vast for his time, Professor Urban T. Holmes has written:

> Fauchet was also a political historian of the mediaeval period, but in this field he had an illustrious predecessor, in the person of Jean Dutillet (d. 1570), lawyer and secretary to Henry II of France. This able man was commissioned by his king to investigate the *thésor des chartes;* the result was a six-volume report, *La France ancienne, du gouvernement des trois états en l'ordre de la justice de France avec les changements qui sont arrivés.* This is the first modern history of a mediaeval period (the Capetian dynasty), and Dutillet followed it with treatises on the Albigensian Crusade and the Gallican Church, which were published after his death. Fauchet, following in Dutillet's footsteps, but on his own initiative, took as his province the first two dynasties of France. [44]
>
> If we can credit his own statement, Fauchet had succeeded, in spite of his poverty, in collecting some two thousand books and MSS. . . .
>
> Some few of Fauchet's MSS, or those which had been lent to him, have been traced. A number of them appear

---

[43] Urban T. Holmes, Jr., and Maurice Radoff, "Claude Fauchet and His Library," PMLA, XLIV (1929), p. 229.

[44] *Ibid.,* p. 229.

to have passed from the pillagers to one Paul Petau: later (in 1659), into the hands of Queen Catherine of Sweden, from whom in turn certain ones (after 1690) to the library of the Vatican. ...

In the Royal Library in Stockholm:

MS V. u. 22, *Tournoiment de l'Antichrist* of Huon de Méry, and some miscellaneous lyrics. [45]

Later in the article, Professor Holmes states that the *Torneiment* "was a great favorite of Fauchet; he cites it again and again." [46]

Indeed, in his *Recveil de l'Origine de la langue et poesie françoise, ryme et romans,* published in 1581, Fauchet quotes our poem as an authority in his chapter on "Qui furent les Trouverres, Chanterres, Iugleor & Iongleor ..."

> Ces Trouveurs donc & Chantres, ayans affaire l'un de l'autre s'accompagnoyent volõtiers. Et à fin de rendre leurs inuentions & melodies plus plaisantes & agreables, venoyent aux grãdes assemblees & festins, donner plaisir aux princes: ainsi que vous en trouuez exemple dans le Tournoyment d'Antichrist: qui est un Roman composé au commencement du regne de saint Louis: qui dit,

> > Quand les tables ostees furent,
> > Cil Iugleur en piés esturent,
> > S'ont vielles & harpes prises,
> > Chansons, sons, lais, vers & reprises,
> > Et de geste chanté nous ont.
> > Li escuyer Antechrist font
> > Le rebarder par grant deduit. [47]

In the section of his book dealing with individual poets, Fauchet opens his discussion of Huon with the statement:

> Il est biẽ certain que Huon de Meri est autheur du Roman d'Antechrist, parce que luy-mesme dit,

---

[45] *Ibid.,* pp. 231-233.

[46] *Ibid.,* p. 237.

[47] Claude Fauchet, *Recveil de l'Origine de la langve et poesie françoise, ryme et romans* (Paris, 1581), pp. 72-73.

> I m'aint diex Huon de Meri,
> Qui a grant peine a fet ce liure.

mais ie n'ay rien trouué de sa naissance & qualité. [48]

As Tarbé did later, Fauchet uses lines 27-53, quoted in this *Recueil,* to determine the approximate date of composition:

> Par ces vers que i'ay voulu mettre au long, pource qu'ils seruent à l'histoire du temps, il appert que Huon viuoit au commencement du regne du Roy S. Louis, à sçavoir l'an M.CCXXVIII. auquel finit ceste guerre de Bretaigne. [49]

His conclusion is close to the actual fact: the date is only seven years off. He is not quite sure how to classify it as to genre, however, but decides that it fits

> ... entre les satyriques, puis que c'est un cõbat des vertus contre les vices, & qu'il reprend beaucoup de diuerses qualitez de gens. [50]

A contemporary of Fauchet's, Henry Estienne, had praised Huon's work only two years earlier in his *Précellence du langage françois* (1579). In particular, he admired the poet's versatility in turning Latin expression into fluid French :

> Mes ces Rommans ont trouvé encores un autre expédient pour imiter la langue Latine, duquel on ne s'appercevroit pas si aisément. Or en avons-nous un exemple en ce mot *Araines,* duquel use Huom de Meri, pour signifier une certaine espece de trompette. Et me semble avoir bien choisi ce mot pour exemple de ce que j'ai dict, pource qu'en luy donnant ceste signification, il s'aide du langage Latin, non pas ne prenant son mot, mais en l'imitant: c'est à dire, en donnant le mesme usage à un François, lequel desja, quant à sa premiere signification, correspondoit au Latin. Car nous sçavons que *aes,* qui proprement signifie *arain* (ou *airain,* comme aucuns prononcent), se prend aussi pour une trompe ou trompette,

---

[48] Fauchet, p. 107.
[49] Fauchet, p. 108.
[50] Fauchet, p. 108.

par les poetes (comme nous lisons en Virgile, *AEre ciere vivos*) et que *aenatores* s'appeloyent ceux qui en sonnoyent: pour une mesme raison, à sçavoir qu'ils usoyent d'une trompe d'arain. Voyla comment ils ont imité la langue Latine, sinon qu'au lieu de dire *Arain,* respondant totalement à *aes,* ils l'ont changé en ce mot *Araine.* [51]

Il me souvient aussi du nom d'une beste, que je veux maintenir estre pareillement faict d'un de nos anciens vocables. C'est *Botta,* qui signifie ce que nous appelons *Crapaud.* Car je di que nous trouvons *Botterel* en nostre vieil langage, dict aussi pour Crapaud. Et d'autant que ce mot *Botterel* ha forme diminutive, il est vray-semblable qu'on ait dict aussi *Botte,* ou *Bottet.* Pour le moins quant à *Botterel,* voici un passage où il se trouve: pris du Tournoyment de l'antechrist, composé par Hugues de Meri: et c'est ou il parle d'une pierre qu'on nomme *Crapaudine.*

> Mais celle qui entre les yeux
> Au botterel croist, est plus fine,
> Qu'on seult appeler Crapaudine.
>
> (632-634) [52]

One finds very little mention of this poem again until the publication of the monumental *Histoire littéraire de France* more than 250 years later, in 1852. The author of the disdainful appraisal found here is Amaury Duval who, although a member of the Institut de France, is an unfortunate example of a critic unenlightened by an understanding of medieval literature. He bases his condemnation entirely on the supposition that he can judge thirteenth-century Christian faith and literature by his own nineteenth-century standards. His opinion is quoted here as an illustration of the lack of just appreciation the *Torneiment* suffered at the hands of uninformed detractors:

> Nous concevons que, dans le siècle où nous vivons, on doive éprouver un véritable dégoût, du mépris même pour des poètes qui ont employé leurs veilles sur des sujets où l'absurde le dispute au ridicule, qui nous représentent Dieu comme un seigneur de fief qui n'a guère plus de puissance et de bon sens que les autres seigneurs du temps.

---

[51] Henri Estienne, *La Précellence du langage françois* (Paris, 1579; reprinted Paris, 1896), pp. 192-193.

[52] *Ibid.,* p. 270.

Mais le spiritualisme, base de la religion chrétienne, n'était point encore compris. Cette religion avait succédé à celle qu'y avaient apportée les Romains, à celle où les dieux avaient les mêmes goûts, les mêmes passions que les hommes, et tombaient dans les mêmes erreurs. Quelques siècles ne suffisent pas toujours pour arracher de la tête de tout un peuple des opinions, des préjugés qui y sont fortement enracinés. [53]

Tarbé's reply to Duval's criticism is pithy and scathing:

Sans doute c'est une belle chose d'être membre de l'Institut et d'avoir à continuer l'œuvre des bénédictins: mais ne pourrait-on pas aller moins vite à flétrir une œuvre, dont on n'a peut-être pas compris le but. [54]

Praise of the *Torneiment* is the usual reaction of critics; Tarbé himself wrote what is perhaps the best and most penetrating appraisal:

Au lieu de faire la satyre spéciale de son siècle, il s'est tenu dans un large cadre. Il s'en prend aux vices de tous les âges, et s'est fait plus moraliste que chroniqueur. Cependant quelque-uns de ses traits ont une direction facile à saisir: et quand il se décide à frapper, il frappe droit et juste . . .

Le nombre des écrivains, encore vantés trois cents ans après leur mort, est bien petit. Tel n'est pas le sort ordinaire des satyriques: et quand le glorieux privilège de rester populaire leur est acquis, c'est qu'ils avaient reçu de la nature un génie délicat et spirituel; c'est qu'ils surent manier avec grâce la langue française et la rime. [55]

H.   STRUCTURE OF THE "TORNEIMENT ANTICRIST"

The poem divides naturally into three main parts with a prologue and epilogue, and takes place over a period of three days. The number three is laden with symbols of a religious nature, as one might expect, for the epilogue, following the mighty struggles

---

[53] V. Le Clerc, ed., *Histoire littéraire de la France* (Paris, 1842), Vol. XXII, p. 870.

[54] Tarbé, p. xvi.

[55] Tarbé, pp. xvi-xvii.

of Christ's forces against those of Antichrist, takes place "au seint jor del Ascension."

The basic structure of the *Torneiment* bears a remarkable, and no doubt intentional, resemblance to the events preceding and following Christ's crucifixion twelve hundred years earlier.

The story begins on the evening of May 5th, we are told, as Huon becomes lost in the forest of Broceliande while seeking the magic fountain and stone as Chrétien had described them. Chancing upon the fountain, he causes the expected storm to rage when he pours water on the stone, just as Calogrenans had done in the *Yvain*. [56] In panic Huon pours on more water, but succeeds only in increasing the storm's violence and, we learn later, in summoning demons from Hell. This night he is saved by divine intervention, however, and has a vision of God and the elect, whom he thanks fervently; this first experience prepares us for the more direct vision which is to follow.

The next morning the first creature from Hell appears; his evil nature is made explicit by the literally disarming ugliness of Bras-de-Fer, Antichrist's chamberlain, for Huon is so struck with fear at the sight of this ferocious, hideous being in knightly armor riding up toward him at the fountain, that he does not dare lift his sword against him: instead, he crosses himself in dread, surrenders without a fight and promises to follow Bras-de-Fer wherever he might go.

One of the most interesting features of the *Torneiment* begins at this point. Huon's whole poem is built around a parallel or parody of Christ's last three days on earth, especially his Last Supper, crucifixion and Harrowing of Hell, the latter between Good Friday and Easter Sunday. Moreover, the story is told, in a rather unique and medieval turn, by a counterpart to Judas, one who forsakes the unholy worship of Antichrist and heresy, and abandons himself to Christ, the true Church. Both Judas and Huon will abandon masters, but Judas will leave good for evil and Huon will leave evil for good.

Bras-de-Fer and Huon journey on to the town of Desesperance, only a short distance from Esperance. Discovering that "Deses-

---

[56] Nelson, *et al.,* eds., 173-578.

perance" is the "Monjoie" or battlecry of Hell, he concludes that "Esperance" must be the "Monjoie" of Paradise. [57] The great tournament to which Antichrist has challenged Christ is to take place on the field between the two towns the next day.

Antichrist arrives in Desesperance amid much fanfare; his entry is reminiscent of Christ's entry into Jerusalem on Palm Sunday amid the hosannas of the populace as crowds cheer Antichrist and struggle for the privilege of holding his stirrup.

The great banquet, or Last Supper, takes place that evening: the main dish, instead of the holy bread and wine, consists of a repulsive concoction of fried "sins against nature" washed down by "goblets of shame" without which one could not endure the meal. Huon sarcastically remarks that being a poor man, he is not worthy of such splendid fare, and refuses to eat or drink with the others: Judas likewise refused to spiritually accept the gifts Christ offered at the Last Supper.

This banquet is one of the high points of the story, for here Huon parallels the most solemn part of the Mass, the reenactment of the Last Supper through the consecration of bread and wine and their distribution to the faithful in Communion. The fried "sins against nature" are the spiritual bread consumed daily by Antichrist's followers, the sinners and heretics; but even they cannot escape a certain amount of shame and must drink from its cup if they persist in their ways. Unlike the sweet wine, their bitter cup grows more sour with each terrible gulp — but the guests at Antichrist's table become too drunk on wild pleasure to notice this. Instead of bringing them closer to blissful happiness, as Christ's gifts do, Antichrist's supper lowers his followers to a state of bestiality.

The evening concludes with much drunken revelry in preparation for the ordeal the next day: many sing songs from Gascony and Auvergne, where Antichrist's teachings are well-practiced.

---

[57] On the origin and meaning of this war-cry, see two articles by Henri Diament, "Une interprétation hagio-toponymique de l'ancien cri de guerre des Français: Monjoie Saint-Denis!" *Romance Notes,* Vol. 12 (1971), pp. 447-57; "La légende dyonisienne et la juxtaposition des toponymes *Montjoie* et *Saint-Denis* dans la formation du cri de guerre." *Romance Notes,* Vol. 13, pp. 177-80.

The second day begins as Antichrist leads his gaudy army onto the field, where Christ's resplendent hosts are greatly outnumbered. The procession offers a marked similarity to Christ's long walk to the site of his crucifixion with mobs jeering on all sides, as Vices here mock Virtues humbly riding by.

Virtue after Virtue confronts its opposing Vice on the tournament field that day, until the hour of Vespers. Christ does not participate in person in this battle but sends in his stead the great warrior-angel Michael, who symbolizes the militant Catholic Church, Christ's force on earth struggling for him against heresy and the Albigensians. Michael, who had once cast Lucifer from Heaven, now casts the wounded Antichrist into a swampy mire near the field.

Huon has meantime been wounded by an arrow of temptation aimed by Cupid at another; he plucked it from the air as it flew by and it has gone through his eyes straight into his heart. Bras-de-Fer brings him a potion made by Love, but this only worsens his anguish as he says, "I was seized by a shaking that almost tore my body from my soul."

Our counterpart to Judas is now suffering the torments which Judas felt after realizing the true nature of his sin, but instead of giving in to the mortal sin of despair as Judas had, Huon turns to the Virtues for advice. They tell him to seek Confession, who alone can cure his wounds. "Indeed," he says, "I felt light of heart afterwards."

He notices also that Bras-de-Fer had left him as soon as he sought Confession: Huon now happily joins the Virtues in their victory banquet, where all welcome him joyously. This time he is served manna from Heaven with wine brought from the divine cellars, for here the bread and wine are really from Heaven, and the meal counteracts the sin-filled supper of the previous evening.

On this occasion Huon cannot resist the temptation to slip away from the others and attempt to observe secretly the festivities taking place in the palace on the mountain overlooking Espérance, where Christ and his elect are celebrating the triumph in solitary glory.

He arrives at the palace but is turned away by the gatekeeper who tells him, "You are not of the royal party, nor do you wear proper garments; if you are not in festive robes, how can you enter?" Realizing that his attempt is in vain, he returns shamefully but quickly to the Virtues' celebration.

Huon's true yearning here, of course, is toward the vision of God: he desires to be among the elect in Heaven and enjoy their ecstasy in God's presence, but his soul is still in its mortal form (therefore not yet of the elect) and still wears earthly trappings rather than the festive raiment it would acquire after being cleansed and restored in Purgatory to its joyous, innocent state. Realizing his unworthiness and his inability to achieve salvation without the guidance of the Church, Huon returns to the Virtues — in other words, to the Church's teachings — as his guides on the path toward Heaven.

On the morning of the third day, Truth brings news that Antichrist and his army, led by Treason, have broken their pledge to remain as prisoners and have stolen away during the night to the city of Broken-Faith. Christ decides not to pursue his enemy for the moment but to return to Heaven immediately. The celestial forces joyously prepare for the journey home and Huon is entrusted to the care of Religion, to whom he commends himself and whom he begs to guide him should he stray from the right path.

The parallel has thus run its full course: Antichrist's coming has been announced by an evil chamberlain, his arrival greeted by cheering crowds. He has given a Last Supper at which the Vices that are his disciples share in the food and drink he offers, the sins and shame which nourish his followers on earth. He has struggled again for Man's soul and, although defeated again, through divine will he remains free to continue his evil pursuits after returning to Hell, just as Christ will continue to save Man after his return to Heaven.

Huon has played Judas to the evil forces and deserted them, thus becoming a part of the Holy Church which he prays will keep him on the straight path in spite of his wanderings. Huon's message could not be clearer: true Christians should not be deceived by false doctrines which the Church has declared heretical, for Antichrist has come with all the signs of Christ and the Albigensians are his followers.

TEXT

Ci comence le Torneiment Anticrist

N'est pas oiseus, ainz fait bon oevre
Le troverre qui sa buche oevre
Pur bon oevre conter e dire;
Mes qui bien troeve pleins est d'ire
5   Quant il n'a de matire point.
Inclineté somunt et point
Mun quer de dire aucun beau dit;
Mes n'ai de coi, kar tut est dit
Fors ço que de novel avient.
10 Mes al troveur bien avient
Qui set aventure novele,
E face tant ke la novele
De l'aventure par tut aille,
E ke sun gros françois detaille
15 Pur faire œvre plus deliee.
Pur ço ai ma langue deliee
—Qui que m'en tiengne a apensé—
Pur dire mun novel pensé;
Kar tel matire ai purpensee
20 K'unques mes n'ot en sa pensee
Ne Sarazin ne Crestiens.
    Pur ço que mort est Crestiens
De Troies, cil qui tant out pris
De trover, ai hardement pris
25 Pur mot a mot mettre en escrit
Le turneiment Antecrit.
    Il avint apres cele emprise
Ke li François orent emprise

Contre le conte de Compaigne   *213b*
30 Ke le roi de France en Bretaigne
Mena sun ost sanz point d'aloigne,
Kar mort ert li quens de Boloigne
Dunt li François orent fait chief.
Lors remestrent a grant meschief
35 Li membre, e fieble e malbailli,
Quant le chief as membres failli,
E se treistrent trestuit ariers
Fors Malclerc, qui tant estoit fiers
K'a merci ne deigna venir.
40 Bien quida Bretaigne tenir
Contre le roi par sun desroi,
Cum cil qui avoit quer de roi,
E qui estoit plein si c'alour
De hardement e de valour,
45 De curteisie e de largesce.
Lors ne me pout tenir peresce
D'aler en l'ost au roi de France.
Tant fis en l'ost de demorance
Ke de Bretaigne fud partis
50 Le roi de France, e fud bastis
Li acort de la grant descorde
Ke le roi, si cume l'en recorde,
Avoit al conte de Bretaigne.
Pur ço ke n'iert pas trop loigntaigne
55 La forest de Berceliande,
Mun quer, qui sovent me comande
Faire autre chose ke mun preu,   *213c*
Me fist faire ausi cume veu
Ke jo en Berceliande iroie.
60   Jo m'en turnai e pris ma voie
Vers la verté sanz plus attendre,
Kar la verté voleie aprendre
De la perilluse fontaine.
.I. espié ou ot fer d'Engeigne
65 Dunt la lemele n'iert pas truble,
E .I. haubert a maille duble
Portai, ke puis m'orent mestier.

Sanz tenir voie ne sentier
Chevauchai .IIII. jurs entiers;
70   Adunc m'aparut .I. sentiers
Ke parmi une gaste lande
Me mena en Berceliande,
Ke mult est espesse e obscure.
En la forest par aventure
75   Perdi l'asente de mun sentier.
Le soleil se voleit couchier,
Que avoit faite sa jurnee;
Mes la clarté rest ajornee
De la lune, qui lors leva;
80   Mes al lever sun vis lava
En la mer, ainz ke fust levee;
E quant ele se ad bien lavee
Bien parut a sa clere face,
Kar ne quit pas ke jamés face
85   Si bele nuit cum il fesoit,   *213d*
Kar si la lune cler lusoit,
Ses puceles tut ensement
K'avoient si le firmament
Enluminé, ço me sembla,
90   Ke s'onques nul jur nuit resembla
Icele nuit resembla jur.
    Sanz demorance e sanz sojur
Vi la fontaine pres de moy.
Ço fud la quinte nuit de moy
95   Ke la trovai par aventure.
La fontaine n'iert pas oscure,
Einz ert clere cum fin argent.
Mult fud le pré plaisant e gent
Ke s'ombroioit desus .I. arbre.
100   Le bacin, le perron de marbre
Trovai en icele maniere
E le vert pin e la chaiere,
Cum la' descrit Crestiens.
En plus clere eue Crestiens
105   Ne reçut unques jur baptesme.
Ne sembla pas ke ço fust cresme

Quant le bacin ting en ma main,
Kar tut ausi le puchai plain
Cume si la vousisse espuchier.
110 Quant jo mis la main al puchier
Tut le firmament vi troubler;
Quant j'oi puchié, lur vi dubler
Cele tremblur en .IIII. doubles,   *214a*
E si fud mil tanz noir e troubles.
115 Quant j'oi sus le perron versé
Jo, qui tut sul i fud laissé,
Ne talent n'en ai de mentir—
Mes le ciel oi desmentir
E esclarcir de tutes parz;
120 En plus de .V.C. miles parz
Ert la forest enluminee.
Si tut le ciel fust cheminee
E tut le mund arsut ensemble,
Ne feist pas, ço me semble,
125 Tel clarté ne si grant orage.
.C. foiz maldis en mun corage
Par qui conseil ting la mun oirre,
Kar a chascun coup du toneirre
La foudre du ciel descendoit,
130 Ke trenchoit e parfendoit
Parmi le bois chaisnes e fous.
Ore escutez cume jo fus fous,
E esperduz e entrepris,
Ke uncore plein bacin de eue pris,
135 E sus le perron la flati.
Mes si le ciel out bien glati
E envoié fudres en terre,
Lors dubla la noise e la guerre
Ke j'oi mené vers tut le munde,
140 Kar du tonnoirre a la reonde   *214b*
Tute terre senti trembler.
Jo quidai bien ke assembler
Feïst Deus ciel e terre ensemble.
    Ço fud folie, ço me semble,
145 De dous fois le bacin vidier,

Mes jol fis pur mun fol quidier,
Kar le tans apassier quidai
Quant le secund bacin vidai.
Mes lors aparceu ke, qui cuide,
150 K'il a de sens la teste vide,
Kar en .C. muis ne puet avoir
De quider plein puing de savoir.
    Quidier me mist a grant meschief
Kar le ciel vi de chief en chief
155 Si descousu e si ouvert
C'um peüst bien a descouvert
Veer Paradis, qui eüst
Les eus dunt veer i deüst;
E cil qui en Paradis sunt
160 Porent bien vere tut le munt
Sanz coverture cele nuit.
Puis k'il veissent moi, jo quit
Virent il bien la lur merci.
Dreiz est ke jo les en merci
165 Kar il sunt bien a mercier,
E jo doi bien cels gracier
Qui de meschief m'unt defendit.
La foudre m'eüst porfendit,
Qui tuz les arbres purfendoit,   *214c*
170 Mes Deus, qui bien m'en deffendoit,
Fist le toneirre departir.
    Quant out laissié a esparcir
Plus ne tonna ne plus ne plut.
Tost ot le ciel, quant il li plut,
175 Rescousu e refaitie tut
Le coustourier qui l'ot detruit,
Si k'unques n'i parut cousture.
    Aprés cel tens fud mult oscure
La nuit, kar ja s'estoit cochié
180 La lune, qui ert travaillié
D'errer parmi le firmament.
Lors quidai bien, si deus m'ament,
Ke pur ço ke poür eüst

Du tonneirre, c'alee se feust

185   Plus tost ke ne soleit couchier.

Lors commença a aprochier

Li jur dunt l'aube est veue.

Joie firent en sa venue

Trestuit les oisellun menu,

190   Kar avolé sunt e venu

De par tute Berceliande.

En broce n'en forest n'en lande

N'en vit mes nul tant amasés;

Desous arbre en ot plus assés

195   Ke n'en i vit Collagrujanz;

E faisoient de divers chanz

Une si duce melodie   *214d*

Ke a ma mort n'a ma vie

Ne voussisse aver autre gloire.

200   Encore quant me vient en memoire

M'est-il tut veraiement avis

Ke c'est terrien paradis.

     Tant unt chanté en lur latin

Li oisellun, qui plus matin

205   Unt fait lever ke ne soleit

Le soleil, pur ço qu'il voleit

Oïr le chant des oiseilluns.

Le service fud beaus e luns

Ke firent a lur Creatur.

210   Le soleil, qui ot pris sun tur,

Erra tut dreit vers occident,

E montoit ja el firmament

Pur tut le mund enluminer,

Quant devant mei vi cheminer

215   Par le bois .I. Mor de Mortaigne,

E sist sus .I. destrier d'Espaigne,

E chevachoit sanz retenue;

Par mi une viez voie herbue

Menoit un trop riche hernois:

220   .L. destriers espaignois

Fesoit conduire devant soi;

Des somiers le conte ne soi,

Mes bien en i ot .C. e mes.
Unques home mortel n'i vit mes
225 Si grant hernois ne tel caroi.   *215a*
    Vers moi brocha par grant desroi
Le Mor, qui aparceü m'ot.
Jo muntai sanz lui dire mot
Ke ne me surpreïst a pié,
230 E pris en ma main mun espié
K'a .I. poin apoié avoie;
E cil qui guerpi ot la voie
Brocha vers moi sanz nul respit.
Bien quidai k'il eust despit
235 De ço ke nel saluai pas.
Vers lui alai le petit pas,
Ke j'avoie trop grant hidur,
K'il ert de si tresgrant laidur
Ke nel porroit dire de buche,
240 E Deus le fist a une cuche
Si tres durement abuisier
Ke la teste avant tresbuchier
Le couvint du destrier a terre.
Lors quidai bien ke nostre guerre
245 Fausist, quant le Mor vi a pié,
Kar jo le voil de mun espié
Encontre la terre espoier;
Mes ausi peusse apoier
L'espé a une roche bise.
250   Lors a le Mor la hanste prise
E la me vout el cors baignier;
De peor me covint seignier   *215b*
Quant em piés fud le Mor saillis;
Trop cruaument fuisse assaillis
255 Se de lui m'osasse deffendre.
Couard fui; ne l'osai atendre,
Einz lui ai m'espee rendue;
E le Mor a la main tendue
E l'ad prise sans demurance.
260 —C'iert, fait-il, par tel covenance
Ke tu me siveras ou ke j'aille,

Soit en turnoi ou en bataille,
Coment k'il unques t'en aviegne.
Jo ne gard l'oure ke ci viegne,
265 Me sire. Munt ignelement!
E jo respundi coiement:
—Vovient-il dunk que jo te sive?
—Oïl! dist-il, ou pais ne trive
N'auras, k'orendroit ne t'ocie.
270 Lors li dis: —En ta compaignie
Irai, puis k'aler m'i covient.
Mes qui est le sire qui vient
Apres toi, e coment a non?
—Jol te dirai; non ferai non,
275 Dist-il, mes munte sanz arest!
Quant serrum hors de la forest
Quant que tu sauras demander
Te dirai sanz contremander.
    Lors ai mi le pié en l'estrif
280 E chevachames sanz estrif
Par le bois ambdui ensemble.   *215c*
Le hernois ert ja, ço me semble,
Eslongié dous lieues galesces.
Hors du bois entre dous bretesces
285 Aconsuïmes le hernois.
Lors ai dit au Mor demanois:
—Coment as-tu nun? —Bras-de-Fer,
Dist-il. En la palu d'Enfer
Reçui regeneraciun.
290 Jo sui de Fornicaciun
En cest munde princepotaires,
E si sui en Enfer notaires
Pur mettre pechiez en escrit.
Jo sui chamberleins Antecrit
295 E gard sun or e sun argent.
Apres moi vient od tresgrant gent;
Bien .V.C., tous couvers de fer,
Des meillur chevaliers d'Enfer,
Kar au seignor du firmament
300 A pris si grant tornement

Ke onques chevalier n'i vit tel;
E jo vois prendre son hostel
El premier chastel que verron.
E sachiez ke nous i avron
305 Foison de vin e mes pleniers,
Kar la li doit .I. huiseliers
Pleniere procuracion.
N'i aura serjant ne garçon
Ke ne soit yvres enkenuit;   *215d*
310 E si ferron, qui qu'il anuit,
Tote nuit feste grant e lié,
E merron vie tot voisilié.
    Quant Bras-de-Fer reconté m'ot
Sun estre trestut mot a mot,
315 Lors veïmes une valee
E praerie grant e lee,
Riviere grant, e .II. chastiaus
Fremés as murs e as karniaus,
E as fossés granz e parfonz.
320 Paliz e trencheïs e ponz
I avoit, e bares e lices,
Bretasches, portes-couleïces
De fer vestues e chauciés;
A chaianes sus les chauciés
325 Tournoient les ponz torneis.
Sur les murs ot fort hordeïs
E as kerniaus larges alees
Forz bailes; forz turs kernelees
E forz garites i avoit;
330 La riviere au pié lur batoit
Plus grant e plus rade du Rone.
Onques hom ne vit sus le trone
Dous viles issi delitables.
    En contant veritez e fables
335 Entrames en la mestre rue
D'un des chastiaus. Nostre venue
Savoit-on bien, ço me sembla,   *216a*
Ke trestuit li bruit asembla
De la vile a nostre descendre;

340 E est alé Bras-de-Fer pendre
    L'escu Anticrit a la porte
    De nostre hostel, e l'en m'aporte
    Vin de Poitou pur assaier;
    E jo qui kel deust paier,
345 Bui assez, ke c'est grant conforz
    Des mains trubles e des plus forz,
    Kar n'en croist nul si fort en France.
        La vile a non Desesperance
    Ou Anticrit fud ostelés;
350 La vile a non, qui est delés,
    Esperance par sun droit non,
    E n'est pas de menor renon,
    Anchois est de greignor noblesce.
    Droit a la maistre forteresce
355 Va-l'en par une viés bretesce.
    Espoir, une liue galesce
    Dure le travers de la vile.
    Escuiers bien si c'a dous mile
    Vont querre ostel de rue en rue.
360 Tant que j'ai grant presse veue
    Des escuiers as ostels prendre,
    Ke maint en i vi entreprendre
    Pur beaus ostels avoir a force.
    Chescun pur bon ostel s'esforce,
365 E qui ainz par tut s'embatent;   *216b*
    Par mi la vile s'entrebatent
    E s'entretolent les ostels:
    E assez en i a de tels
    Qui par faute de ostel vont tendre
370 En la pree, sanz point d'atendre,
    E es vergiés qui sunt dehors,
    Les tentes, ou reluist li ors
    E li azur e li sinobles.
    N'espargnent vergié ne vignobles,
375 Ke partut abandon ne saillent
    E tut estrepent e detaillent
    E tendent pavillons e tres,
    E se logent par mi les pres.

Ja estoit none e plus assez
380 Quant Antecrit ot trespassez
Les ponz, e entra en la vile.
Encontre alerent bien .X. mile
Borjois, dunt tut le mains puissanz
Peüst bien .X.M. beisanz
385 Esligier, sanz sa terre vendre;
E corurent a sun descendre
Tuit li plus riche par estrif
E li tindrent sun destre estrif,
Puis pranent congié, si s'en tornent.
390 E cil qui le mangier atornent
Ont fait savoir ke tut est prest,
E Antecrist sanz point d'arest
Comanda les tables a mettre.   216c
Cil qui s'en durent entremettre
395 Des tables mettre s'entremistrent.
Par tot l'ostel les tables mistrent
En loges, en praiaus, en sales.
De napes qui n'erent pas sales
Veïssiez ces tables covrir,
400 E veïssez coffres ovrir
A chamberlains, a conestables,
E veïssiez garnir ces tables
De poz e de hanaps de argent.
Mult servirent e bel e gent
405 Antecrist, quant il fud assis.
Ovec .I. jogleur m'asis
Qui trop savoit sons poitevins.
De divers mes, de divers vins
Fumes pleinerement servi,
410 E sachiez bien k'onques n'i vi
Feves ne peis, oes ne harenc:
Tuz les mes Raoul de Hodenc
Eümes, sanz faire riot,
Fors tant, ke entremés i ot
415 D'une merveilluse friture
De pechiez faiz contre nature,
Flatiz en la sause Cartaine.

D'une tone de hunte plaine
Covint l'entremés abeurer,
420 Kar ceus escovenist crever
Qui orent la friture eüe,   *216d*
S'il n'eüssent hunte beüe.
Mult en burent, kar sanz assai
Bevoient tuit hunte a guersai,
425 K'en lur livroit a une seille,
E Guerçoi, qui a tuz guerseille,
D'Iveresce lur fist un entret:
Tant les fist guerseillier a tret
K'Iveresce, qui tuz les enteste,
430 Vint guerseillier a cele feste
Qui quida la tone espuchier.
Lecherie pur aguissier
Lor aloit departant espices
E dragié de tuz les vices,
435 Ke nul pechiere puet hanter.
      D'itant me pues jo bien vanter:
Que nul ne vit si fort dragié
Si ardant, ne si bien brojé,
Ne si delitable a mangier.
440 Mult nous en a fati delechier
Lecherie; tuit s'en delechent,
E ci e ça lur levres lechent
Cil jugleor qui mult l'unt chiere,
Kar Lecherie l'espiciere
445 Les fait delechier par anguisse
Pur la pudre que les anguisse,
Qui si est ardant e ague,
Qui lors les espoint e argue.
Crie chescun: —Le vin! Le vin!   *217a*
450 Mes as noeces Archedeclin
N'out pas tant vin ne tel plenté.
De hunte unt a lur volenté,
Bien a muis e a sistiers.
Outrage, qui est boteilliers,
455 Les sert de honte sanz chançons.
Mult est large li estachons

Qui lur livre a la grant mesure
Que l'en apele desmesure,
Sanz escrit, sanz taille e sanz conte.
460 Unques mais chiés roi ne chiés conte
N'ot tant de hunte despendue.
Plus d'un mui en a espandue
La mere Outrage, Gloternie,
K'en boit tant k'ele se nie;
465 E Yveresce tant en entonne
K'a poi n'a vidié la tonne.
    Jo n'en bui point, ne point n'en oi,
Ne li entremés si k'a moi
Ne vint pas, e nepurquant gié,
470 Jo n'en eüsse ja mangié,
Kar ço n'est pas mes a povre home.
    Itant vous dit a la parsome
Ke noblement fumes servi.
Apres mangier aporter vi
475 Un gingebras confit en soufre,
E disoient tuit que ou goufre
De Saternie fud confit.
N'iert pas ostel a desconfit
Ou Antecrit fud osteleés.
480   Ja estoit le ciel estelés
Quant les tables ostees furent.
Cil jougleor en pes esturent;
S'unt vieles e harpes prises:
Chançons, lais, sons, vers e reprises
485 E de geste chanté nous ont.
Li chevalier Antecrist font
Le rabardel par grant deduit.
Li autres Antecrit deduit
En sons gaçons e aveirgnas.
490 Meis de la goute pivernas
Fist nostre hostesse cele nuit
Grant feste, e quant se sunt deduit
Li chevalier, tuit se coucherent.
Cil jougleur lur vielerent
495 Pur endormir sons poitevins.

217b

Les vielurs e les fors vins
Endormirent les chevaliers.
    Ainz jur saillierent escuiers,
Si se vestirent e chaucerent,
500 E chauces e haubercs roulerent
E couvertes a destriers.
Qui veïst poistraus e estriers
Raparaillier a ces garçons,
E enverser sus les archons
505 Ces seles, que noient n'i faille!   *217c*
Escuiers e garçons sanz faille
Ont si matin le jur suspris
Qu'il orent lur chevaus de pris
Enselés, e lur palefrois.
510   Al lever fud grant li effrois
Par mi la vile a l'ansjornee.
La lune s'iert ja desturnee
E ses puceles departies,
Kar le jur de totes parties
515 Voleit le firmament purprendre.
La lune ne l'osa attendre;
Pur ço departir la covint,
E la nuit pur le jur qui vint
S'esvanui cum fumee.
520   Lors veïssiez issier armee
De la cité la baronie:
La vile estoit si esturmie
Que on n'i oïst pas Dieu tonnant.
    Mult me tint bien mun covenant
525 Bras-de-Fer, si cume pramist
C'onques, pour rien qui avenist,
Ne me vout lassier al turnoi.
De la vile ovoec li turnoi,
E chevauchames si k'as lices.
530 Ja me quesisse autres delices
Ke voir si tres bele gent
Kar trop se deporteient gent.
    Antecrit issi de la vile;   *217d*
Bacheliers menoit bien .X. mile

535 Dont le meindre portoit baniere.
Onques compaignie plus fiere
Ne mena Erodes ne Eracles.
L'escu noir out a Faus Miracles,
Que trop estoit paranz e biaus,
540 Kar bordé ert de deabliaus,
A .I. croquet de Dampnement.
Escrit portoit sun jugement
En une bende trop ellite,
Kar ele esteit de Mort-Subite,
545 Fretee de Pechiez-Mortels.
Pur ço qu'en en veïst peu de tels
Me plaisoit trop a esguarder.
Onques nul pur sun cors guarder
Ne fu mius monté en estor.
550 Plus ferin estoit ke nule tor
Le cheval noir, ou le jur sist.
.I. hiaume out, qui trop bien li sist,
Que ert d'un aÿmant crousé:
Proserpine li ot doné
555 En Enfer par grant druerie.
De ço vint la grant jalousie
Don Pluto l'ot soupechonneuse;
Mes ele estoit si desdeigneuse
Qu'ausitost se feïst larder
560 Cum pur lui se deignast garder;
Tant estoit d'Antecrit esprise.   *218a*
    Bien valoient tot l'or de Frise
Les armes que Antecrit portoit.
Se gentement se deportoit
565 Ke ço n'iert si merveille non.
E Belzebuc sun gumfanon
Porte e desploie e met al vent:
.I. diable e .I. serpent
Vi combattre en mi la baniere;
570 Proserpine, s'amie chiere,
Les i asist a ses .II. mains.
.C. mars valoit e non pas mains

L'enseigne qu'en la hanste ot mise,
K'ele ot faité de sa chemise.
575   O Antecrit vint Jupiter
E tuit li grant baron d'Enfer,
Dunt il i ot .X.M. e plus.
Jupiter avoc Saturnus
Chevauche, e Apolin le preu;
580   Mercurius fist bien sun preu.
E Ercules li preuz, li biaus.
Pur faire guenches e cembiaus
I vindrent Nepturnus e Mars;
Tut le pire valoit .C. mars
585   De lur chevals, sanz nule doute.
En icele memes route
Estoit Pluto, e Proserpine,
Le roi d'Enfer e la roïne,
E Megera lur dameisel.   *218b*
590   Mult par fud cele route   bele
Quant Cerberus i fud venuz.
Icil fud pur maistre tenuz
Pur ço ke .III. testes avoit.
       Chescun de ces barons portoit
595   L'escu noir a croket de fer,
Chaut e ardant du feu d'Enfer,
Ke l'escu purprent e surmunte;
L'escu au miereior de hunte
Portoient trestuz armeures
600   Plus noires ke meures meüres
Pur ceus d'Esperance asaillir.
Qui lors veït Orguil saillir
Sus .I. destrier d'Espaigne sor!
       Boban, qui du vis samble Mor,
605   Al vent li desploie s'enseigne.
Unkes nul a graignor cumpaigne,
N'asembla mais, n'a greignur pompe.
Mainte bosine e mainte trompe
Fait soner pur s'ost asambler,
610   Si k'il fasoit terre trambler
Des busines e des taburs.

Tout le chastel e tot le burs
Fud esturmis e esmeüz.
De geules estoit sun escuz
615 Plus vermeilles ke nul sinoples;
Par mi rompoit mi Sires Nobles
A une keue bobanchiere; *218c*
Corone ot preciose e chiere
Sus sun heaume qu'ot d'aÿmant.
620 N'est pas mester k'en me demant
S'en la corune ot pierres fines;
Kar topaces e crapoudines
Avoit en l'aïmant assises
E pierres de diverses guises,
625 Dunt la pire ert de grant renon.
Une en i vi que avoit non
Chamahou, qui est la mains chiere.
Mais pur ço k'a humaine chaire
E k'ele rent l'ome orgoillous
630 E cointe e lié e desdeignous,
Pur ço en fesoit chierté Orgeus.
Mes cele qui entre les eus
Du boterel croist est plus fine,
Qu'en seut apeler chrapoudine,
635 Qui bien apartient a Orgoil.
Boban par mi le fons d'un broil
Al vent desploie sa baniere,
Qui ert de trop plaisant maniere
Pur ço k'ele ert de Vanterie
640 D'un drap dunt cil de Normondie
Se vestent tuit communaument.
Le destrier Orguil si sovent
Chotoit, ke ço n'esteit pas fins;
Si ço ne fust, il fust si fins,
645 Qu'il vausist bien .M. mars d'argent. *218d*
Ne doit pas venir sanz grant gent
Orgoil, qui est roi de tuz vices:
Cointise, qui va des espices
E des espaules e du pis,
650 Boban e Desdein e Despis

E Vaine-Gloire e Vanterie,
Qui est dame de Normondie,
Furent de la mesnie Orgoil.
   De ceste gent dire vous voil
655 Qui porteient l'escu tut plein
De vanterie e de desdain,
Bien coneü en tutes places
A .I. sautoir de manaces,
A l'angeignie de dangier.
660   Mes entre ices vi chevauchier
Cointise si mignoment;
Cointise vint si cointement
Que de toutes fud la plus cointe.
Cointise, qui d'Orgoil s'acointe,
665 Qui tresbuche tuz ses acointes,
Portoit armes merveilles cointes,
A danses d'or en vert dansiés,
A .IIII. bendes losengiés
De Vaine-Gloire, e d'Arrogance
670 A .I. mireür; de Ignorance
Qui fait muser tute la gent
A .IIII. papejais d'argent,
Qui chantent de joliveté;
A l'oriol de Niceté,
675 Asis sus Fole-Contenance.
.I. penocel ot en sa lance
De ses armes, qui trop fud biaus,
K'as laz de soie e de fresiaus
L'out Cointise atachié al fust,
680 E pur ço ke plus cointe fust
Ot sonetes e campeneles
E armes fresches e noveles
Que n'erent pas laides n'oscures
El lorain e es covertures,
685 Qui esteient d'un bendequin;
De la maisnie Helequin
Me membra, quant l'oï venir:
L'on oïst sun destrier henir
De par tut le tornoiement.

219a

690   E pur assambler cointement
      Vaine-Gloire, qui est s'acointe,
      Devant Cointise va, trop cointe
      Od le tabor, od la fleüte,
      Dunt si trescointement fleute
695   Que tute en tentist la valee.
          Od grant freinte vint en la pree
      Tençon, la marastre Concorde,
      Qui portoit l'escu de Descorde
      A .I. label de Anemistié.
700   Felonie, qui het Pitié,
      Aveit Borgeignons a plenté   *219b*
      E portoit l'escu adenté,
      A .I. rous mastin recignié;
      Par mi rampoit Brun sanz pitié
705   Pur bien demustrer Felonie.
          Od grant frainte de baronie
      A trespassee la caucié
      E mult se rest bien avancié
      Haine, la mere Descorde,
710   E se va vantant ke Concorde
      Apelera de trieve en fraite.
          Par mi une mes porte fraite
      Saut Coruz, li fis Felonie.
      Tuit cil sivent Forsenerie
715   E vienent cume forsené;
      Tuit cil furent nuri e né
      El chastel de Desesperance.
      Ceste gent vindrent sanz dotance
      Desroutees e desrengiés;
720   Armes avoient losengiés
      De Rancor e de Reverie,
      A .I. label de Frenesie.
          Par .I. chemin divers e tort
      Vi contre Droit chevauchier Tort
725   Pur justisier Droit, e Justice,
      Le mere Droit, ki tout justice,
      L'outrequidié, l'enemie Droit.
      Tort, qui ne siet chevauchier droit,

Clochant passe la maistre porte,
730 Kar .I. cheval boistus le porte
Qui ne cloche fors de .III. piés.
De belif li estoit lachiés
Le hiaume, qui el chief li loche.
Le cheval, qui durement cloche,
735 Fet pendre Tort tut d' une part.
    Li escu Tor, ou Droit n'a part,
E si estoit let e divers:
C'est li escu a .II. envers
Qui resembloit .I. talevas.
740 C'est .I. escu huntus e mas,
Tort e bochu e contrefez
A la tortue de tors fez,
Purtraite de Desliauté,
.Al faus esgard de Fauseté
745 Que Traisons i ot pourtrait
A .I. faus jugement estrait
D'une fause enlegaciun;
A langues de avocaciun
De geules a plaideors traites
750 Que Coveitise avoit purtraites
D'une grant menchonge, polie
A .I. blasme de Tricherie
Par Fauses-Losenges atret
A .IIII. poinz e a .I. tret
755 De Traïson la Poitevine.
Sa lance est de dreite orpheline
Kar trop est cortrefaite e torte;
E Tort, qui tortement la porte,
Contre Droit esperone e cort:

760 Cest curs avient a mainte cort.
    Ja estoit prime e plus, jo quit,
Quant jo vi venir a grant bruit
Avarice par grant desroi.
Avarice ot en sun conroi
765 Grant gent, mes mult i out Romains;
Coveitise n'en ot pas mains,
Qui est sa cousine germaine.

Rapine bien autant en maine
Cum Avarice e Coveitise.
770 Cruauté, qui lur quers atise,
Lur dona armes e chevaus,
Lances, espees e coteaus
Pur escorcher la povre gent.
Targe d'or, bendee d'argent
775 A une bende besancee
Avarice a le jur portee
De la table a .I. Caoursin.
Coveitise ot escu d'or fin
Bendé de Termes e de Usure
780 E Rapine autel, qui seure
Quide estre e de Largesce abatre.
    Apres vint preste de combatre
De totes cors la dame Envie.
Mes tuit cil qui or sunt en vie
785 Sun grant orgoil e sun desroi,
Ne la gent k'ele ot aveoc soi,   220a
N'aconteroient sanz mentir.
De trompes fesoient tentir
La praerïe de tuz sens.
790   Apres ordenerent les rens
Fauseté e Ypocresie
E Barat, le fiz Tricherie,
Qui onques n'ama Liauté.
Menchonge, qui heet Verité,
795 Oveoc Tricherie se range.
Lors vint Mesdit, le fis Losenge,
La cosine Detraccion,
E Loberie, e Traison,
L'ainsnee des enfanz Envie
800 Pur veor ceste baronie.
Tote la vile as portes curt;
Ne fud mie sanz gent de curt,
Ço me sembla, ceste asamblee:
Envie i avoit asamblee
805 L'asamblee des mesdisanz.
Bien avoit mis plus de .X. anz

A ceste assemblé asambler.
Ponz e cauchiés funt trambler,
Tant i out grant frainte de gent;
810 Armes plus noires ke arrement
Out, sanz autre descrescion.
    Sa cosine Detraccion
Ert plus cointe e plus envoisié,
K'une targe avoit losengié
815 De Faus-Semblant e de Faus-Ris.   *220b*
Mult bien parant, ço m'est avis,
Ert l'escu de Traïson.
Trop sembloit Detraccion
Sun faus escu, don Deus nous gart,
820 Au faus semblant, au faus regart,
As faus baisiers e as faus dis;
Mult fud bien par Raol descris:
A .IIII. rampones rampans,
A une lange a .V. trenchans
825 Que l'escu porprent e sormonte;
L'escu au mireur de Honte
A une bende de Fantié,
Contichié de Anemistié.
A .I. label de Fauseté.
830   Mençonge, qui het Verité,
Fud de la maisnie Antecrit.
Mençonge avoit cheval ellit:
Plus tost curt, ke ne vole arunde,
Ke Mençonge par tut le munde
835 A tresportee en .I. moment.
La baniere lievé au vent,
Porsivoit Traison de pres
E ot l'escu a fauses es
Losengié de Fauses-Noveles,
840 Au faus escu a .II. niveles
De Loberie e de Mesdis.
C'est li escu de Deu partis
Qui portent tuit cil mesdisant;   *220c*
Mult les vont tuit cil maldisant
845 Qui sunt des chevaliers Amours.

Apres Mençonge les granz cors
Vindrent tuit li enfant Envie:
Plaisant escu ot Loberie,
Kar trop sembla le Traïson
850 Fors d'itant, ke Detraccion
Le dora de faintes paroles
E i mits .I. label de lobes
Qui fait conoistre Loberie.
   Bel escu ot Ypocresie;
855 Cil estoit a droit devisés,
Kar pur ço k'il ert desguisés
Fasoit muser tute la gent:
C'est li escu de faus argent
A une bende d'Eresie,
860 Floretté de Malveise-Vie,
A .I. blasme de Malvestié,
A l'engeignie de Faintié,
Au mireor de Fauseté,
A .I. label d'Iniquité
865 Que portent li deu anemi;
A .I. faus escuchel en mi
Paint de Fause-Religion:
Teus escus en la region
De France ont cil renovelés
870 Qui Papelars sunt apelés,
Qui demainent si tres vil vie,
Que nul ne doit avoir envie
De mener si vil vie, non,
Kar qui que onque porte le non
875 E les armes de Ypocresie,
De legier chiet en eresie,
Qui des ypocrites s'acointe.
   Heresie ot escu trop cointe
Que .I. Puplican ot portrait
880 A .I. faus point, a .I. faus trait
De Fause Interpretacion.
Mainte mauveise opinion
I ot Heresie portraite
D'une signifiance traite

220d

885 D'un argument d'Iniquité,
A .I. faus escucel listé
D'Avarice e d'Ipocresie,
A .I. louier de Symonie,
Guerredoné de Dampnement.
890   Se cil qui fist Aden ne ment,
Mal furent Bugre d'Aden né
Qui ont l'escu de Deu dampné,
L'escu hani, l'escu vencu.
D'iteus armes, d'itel escu
895 —Que nul a son col ne pende—
Deus tos bons Crestiens deffende.
    De la vile issent a grant frainte;
La avoit mainte lance painte
E mainte enseigne de cendé,   *221a*
900 Maint escu d'or, d'azur bendé,
E mainte trompe e mainte araine.
De la fierté que Antecrit maine
De tuz sens la terre trembloit.
    Larecin sa gent rasembloit
905 En .I. grant forest oscure;
Gent ot sanz conte e sanz mesure
Vestus de fer en sa compaigne.
Mult sist bien el destrier d'Espaigne
Fort e curant de grant ravine.
910 Larcin maine od sei Rapine,
Homicide e Desleauté,
Force e Murdrise e Cruauté
E Coruz e Enemistié.
    Felonie, qui het Pité,
915 En .I. glaive a fer poitevin
Portoit l'enseigne Larecin,
Qui ert faite d'un drap emblé.
Cil qui la furent asemblé
Unt bien l'enseigne coneu.
920 Peu de gent sorent sa venue,
Kar il vint sanz noise e sanz bruit.
Le noir escu bendé de nuit
Ot Larcin al col pendu,

E d'unes fourques apendu
925 Ot en l'escu .I. cheval fust,
E sambloit ke losengié fust
D'un rencontre e d'une chaance,   *221b*
A .I. sautoir de Meschaance,
A .I. label de Mains-Crochues.
930   De ces gens qui erent venues
Ert Homicide le plus cointes,
Par ço ke ert Larcin acointes;
Ot ateus armes cum il ot.
Gavain, qui fud fiz au Roi Lot,
935 N'ot pas tant abatu ne pris
Chevaliers, cum il a ocis,
E tos sanz forfait de sa main.
   Murdrise ot sun escu tut plain,
Fors tant k'il i ot .I. label
940 De Tenebres, parant e bel,
E .I. tigre de Cruauté.
Une espee ot a sun costé
Qui estoit de trop bone forge:
L'espee avoit non Coupe-Gorge,
945 Mes onques si trenchant ne vi.
Le fievre ot non Sanz-Merci
Qui la fist, e sachiez sanz guile,
Que Larecin a Murdre-Vile
La fist forbir, chiés Mie-Nuit.
950 Ele estoit d'un acier requit
Trop dur e trop de male part;
Plus ert dure ke Durendart
Coupe-Gorge, qui n'ist du fuerre
Fors quant Larecin va en fuerre,
955 Ou maine routiers ou Picars.   *221c*
Au tornoi ne vint pas soi quars,
Anchois en ot .V.C. seigniés
A sun seigne d'armes bien seigniés.
   Tuit cil vindrent en une flote;
960 Mes mult i ot bele complote
Quant Lecherie vint apres.

Lecherie sivoit de pres
Gloternie, s'ainee suer.
   .I. chevalier de trop grant quer,
965 Outrage, le fiz Gloternie,
Vint apres, qui pur bele vie
Mener ot sa terre engagié.
Apres lui vint cum esragié
Viloinie, la mere Outrage.
970 Viloinie tindrent pur sage
De ço k'ele i ert si bien armee:
Sur .I. ronci estoit montee
Si cras, c'on li poüst conter
Les costes, tut sanz mesconter,
975 E covrir de tiul ou d'aisil
Ausi cume s'il venist d'essil;
De tel destrier est vilain dignes.
   N'erent pas blanches cume cignes
Ses armes, kar n'est pas raisons.
980 Mult li sist bien le gambesons
Qu'ot pendu en la fumee.
D'un haume avoit la teste armee,
Qui ert d'un viels chapel de fer   *221d*
Si noir cume s'il venist d'enfer,
985 E ot armes longes e lees
De blanc e de gris burelees,
E tint .I. pel en leu de lance.
   Apres Lecherie se lance,
Qui estoit trop bele e trop cointe,
990 E sus l'escu estoit plus jointe
K'espervier mué de novel.
Escu portoit parant e bel
Parti d'Outrage e de Delices,
E si estoit par grant devices
995 Bendé de geules e de langes.
   Gloternie, qui vint les ambles,
Ot armes de geules engoulees,
Transgloties a Grans-Goulees,
Engorgié de Vilainie,

1000 A .I. loyer de Glouternie
      A la fesse de desmesure.
          Cointes estoit a desmesure
      Outrage, li autredoutés;
      De Glouternie ert engeulés
1005 Sun escu, qui ert autrebiaus;
      C'est .I. escu a .III. tortiaus
      Moisis d'Orgoil, crotelevés
      D'un trop levant levain levés.
          Atant trespasse la cauchié.
1010 De fer s'est vestue e cauchié   *222a*
      Fornicacion; de prinsaut
      Par une viés posterne saut
      E en ses eus porte les dars
      Tous empenés de Fous-Regars.
1015 Qui maint home ont mis a meschief.
      Mult avoit bien armé sun chief
      De Folor e de Symonie.
      Escu avoit de Viloinie,
      A .I. baisier de Dampnement,
1020 A .I. sautoir de Jugement
      Qui l'escu porprent e surmonte,
      L'escu au mireoir de Honte
      Eschequeté e entechié
      De mainte tache de Pechié.
1025 E pur ço k'ele doit enseigne
      Avoir, qui la mostre e enseigne,
      .I. penoncel ot a sa lance
      D'un drap de Nice-Conoissance
      Fornicacion atachié,
1030 Que Honte, la fille Pechié,
      Qui mult vers lui s'umeliot,
      De sa chemise fait li ot
      E ot blanchi el flum de Vilté.
      Lors vi venir trop bien monté
1035 Plus enflambé ke ardant tison,
      .I. fiz de Fornicacion
      Qu'en seut Avouteire apeler.
      Sa prouesce ne quier céler,

Kar cel jur fist maint bel cembel.   *222b*
1040 Une targe d'uis de bordel
      Ot Avoutire al col pendue.
      .I. suen cousin sanz retenue
      Le sieut, dunt vous dirai le non:
      Nés fud de Fornicacion
1045 E engendré contre Nature.
      Escu de trop haute laidure
      Ot cil hontus dont jo vous conte.
      C'est li escu bendé de Honte
      Bordé de Abhominacion.
1050   N'ot aveuc Fornicacion
      Nul qui ne fust de lui plus cointes.
      Deus n'aime gueres ses acointes,
      Ne ne doit faire, a tant m'en pas.
      Me sachiez que jo n'en ment pas,
1055 Que ci od la gent Antecrit
      Vous ai rien d'Amor descrit;
      Par cest mot Fornicacion
      Ici nule descrescion
      Ne vous en fas, par foi, jo non!
1060 Amor n'a pas si vilain non.
      Non, k'Amor naist de Cortaisie;
      D'Amor qui est sanz vilainie
      Aillurs ert la discrescions,
      Kar Amors est li dous cyons
1065 Qui par nature ist de la couche
      De Cortoisie. Dous em bouche   *222c*
      Est Amors, e si savourés,
      Que quant plus est asavourés
      Tant est il de meillor savor.
1070 Amor, quant jo bien l'asavor,
      Ai grant fain de descrivre adroit;
      Mes atant m'en tais ore-endroit.
          Ja ne quesisse autre devises,
      Que veoir tel plenté de vices
1075 Cume jo vi a cele fois.
          D'une taverne saut Guersois,
      Ou avoit beü a escot.

Normant e Englois e Escot
Estoient tuit de sa maisnee.
1080 Yveresce est aprés adrescee,
Preste de faire vaselage.
Guersoi avoit heaume d'Utrage
Lié d'un fort cercle d'Orliens.
Sun escu, qui ne doute riens,
1085 Estoit portrait de Gloternie
Au mireör de Viloinie,
A .I. sautoir de Desmesure.
Lance portoit bele a droiture,
Qui fud faite d'un eschalas;
1090 Doné li ot par grant soulas
Roberie la tavernere.
Il ne paroit pas a sa chiere
Qu'eüst mester d'aler en fuere.
   Escu d'Orliens bendé d'auceure
1095 Au label de piés de hanaps   *222d*
Out Yveresce. Trouflois e gas
Vi en la contenance Yveresce,
Qu'ele avoit l'une e l'autre tresce
Par ses espaules detrescié.
1100 De lui firent le jor causcié
Li autre, quant au tournoi vint,
Kar Yvresce dormir covint
En mi le pré trestoute adente:
Le jor fud bien .XX. fois ou trente
1105 As piés de chevaus defolee.
Mal dehés ait tele golee
E la goule qui tant em prent!
Morte fust sus le pavement
Yvresce trestoute adentee,
1110 Mes Hasart l'ad reconfortee,
Qui la despoilla toute nue
Quant Ribaudie fud venue;
Mult fud bele cele assemblee.
Ribaudie e Hasart emblee
1115 A Yveresce ont sa robe tote.

Hasart, qui radement desrote,
Ot .I. glaive a fer poitevin.
Escu bendé de Larrecin
Ot Hasart a .III. dés du mains,
1120 A .I. label de Males-Mains
Atachié a Faus-Sermens;
Une engeignie avoit dedens
D'une mellé faite as poins,   *223a*
Atachié de .XVIII. poins
1125 Au faus escu de Mescheance,
Que parti ot Duble-Chaance
De rencontres e d'Enviaus.
     Ribaudie de sous .I. saus
S'armoit, en .I. pré verdoiant.
1130 Une targe trop bien parant
Avoit d'un escequier poli;
S'avoit entre Hasart e li
.I. label par reconoissance,
Que portrait fud de Meschaance
1135 D'un hasart fait areare-main
Des armes sun cosin germain;
S'en fud plus cointe e ascemee.
Lance ot d'une verge polee,
S'ot ceinte entor soi une fonde,
1140 E ke ses anemis confonde,
Pierres conquiert agironees.
En plus de .C. lieus renovees
Erent ses armeures totes,
Kar Hasart les li ot derotes
1145 Au Bar a la Table Ronde.
     De totes li .III. pars du monde
Vint au tournoi la baronie,
E sachés pur voir, ke Folie
Mult folement au tournoi vint.
1150 La machue bien li avint,
Dont aloit departant la presse.   *223b*
N'i ad celui qui point l'empresse,
Kar chescun doute la machue.
Qui oïst cume chascun la hue

1155 Mult s'en risist, kar a son cois
     Ot une targe de Desfoi
     Qui jo ting a merveilles bele,
     Kar .III. formages en fessele
     I ot assis sus Niceté,
1160 A .I. faus escucel listé
     Qui ert purtrait de Reverie,
     A .I. label de Frenesie.
     E en sun chief en crois tendu
     Ot Folie .I. bon heaume agu
1165 A .I. cercle de Musardie,
     E si portoit comme hardie
     En sa machue, en liu de lance,
     D'un drap de Nice Conoissance
     Une enseigne, que trop me plot.
1170 La veïssiez trop bien complot,
     Quant ele issi par mi la porte:
     De tous pechiés l'ensigne porte
     Kar nule pechié n'est sanz folie.
         Peresce, qui est endormie,
1175 Se tient tous jors as pavoillons,
     E Couardie a reculluns
     Va tos jurs en l'ariere garde.
         Traison, dunt nul ne se garde,
     Va espiant qui ele fiere,   *223c*
1180 Une eure avant e autre ariere;
     Or est de loing, or est de pres.
     Tout cil vice vont pres apres,
     Kar nul ne va sanz compaignie.
         Itant vous di ke Couardie
1185 Ert armee trop cointement:
     L'escu pale au lievre rampant
     Portoit, qui estoit fait de Tramble.
     Couardie de peor tramble
     A l'issir de Desesperance;
1190 De Tramble avoit escu e lance
     Kar trop estoit espoentee.
     Le destrier sus quei ert montee
     Estoit apelee Torne-en-Fuie;

Grant talent a qu'ele s'enfuie:
1195   Greignor, ke de faire mellee.
Tel peor a que sanz mellee
Fu, ains que venist en la place.
Peor ot escrit en su face,
Qui la coulor en a ostee.
1200   Peresce estoit trop bien montee
Desus .I. yvoire restif
Si pereceus, si lesantif,
Qu'il ne poeit venir avant,
Qui pur son maistre fait autant
1205   Cume le singe pur les mauvés.
E Peresce, qui tout adés
Son yvoire va semonant,   *223d*
Escu avoit d'os d'olifant,
A songes d'endormir assis.
1210   Loirons endormis si c'a sis
I ot assis sus Ignorance;
Bordé estoit de Negligeance
A .I. label de Nonchaloir.
De prouesce doit mult valoir
1215   Chevalier qui tel escu porte;
Derrain issi de la porte
De tote la gent Antecrit,
Dont jo vous ai en cest escrit,
En despit totes ypocrites,
1220   Les nons e les armes descrites.
        Tels gens cum jo vous ai descris
Mena od soi Antecris;
N'en ot fors chevaliers de pris
E cil, qui le tornoi ot pris
1225   Encontre lui, ot gent ellite;
Fud en la vile devant dite
Qui est Esperance nomee,
Qui tant est bone e renomee,
Que douce en est la remembrance.
1230   D'iluec si c'a Desesperance
A .II. leues de bele voie;
Desesperance est la Monjoie

D'Enfer, issi cum Raoul dit.
Mes s'il dit voir, sanz contredit
1235 Puis dire e par raison prover   *224a*
Qu'autre sornon ne puis trover
A Esperance, ço m'est vis,
Fors Monjoie de Paradis;
Tels est le surnom sanz dotance.
1240   A grant gent fud a Esperance
Venu le roi du firmament
La veille du tornoiment.
    A grans despens faire entendirent;
Plusors en i ot qui tendirent
1245 En vergiés e en chans e en pres
Tentes e pavillons e tres,
Kar tuit en la vile ne porent.
    Quant le jor aparceu orent
Qui ot les esteiles esteintes,
1250 Lors veïssez en lances peintes
Desploier au vent ces banieres,
E escu de maintes manieres
Que le jor rechurent maint cous,
Despendre d'uis e mettre as cous.
1255   A l'issir d'Esperance ot presse;
Le roi du firmament s'eslesse
E se mist el premier conroi.
Bien ot contenance de roi
Kar cointes ert e ascemés;
1260 D'armes roiaus estoit armés
Sus .I. grant destrier pomelé,
Large de pis, de croupe lé,
Qui estoit beaus a grant merveille;   *224b*
Une coverture vermeille
1265 Ot d'un samit emperial.
    Le roi, qui sist sus le cheval,
Portoit escu merveille noble
A un grant crois de sinoble
Asise sur or esmeré
1270 Tuit menuement estelé.
    Boclé estoit, mes en la boucle

Ot asis .I. cler escabucle
Entre .IIII. Evangiles blanches
Portrait e escrit en .II. manches
1275 De la chemise Nostre Dame;
Itel escu, qui cors e ame
Puet bien tensir e guarantir,
Cil sire qui ne siet mentir
Nus doint par sa misericorde.
1280 Une trenchante misericorde
A .I. point de Sainte-Amistié
A unes renges de Pitié
A sus coste senestre ot ceinte.
Onques de sa lance mius peinte
1285 Ne fud glaive ne gavelos,
Qu'ele ert a petis angelos
De blanc argent sur azur inde.
Le fer estoit del acer d'Inde
Que fud trait de cors Jhesu Crist,
1290 Kar, si come jo truis en escrit,
C'estoit la lance dont Longis
Li ovri le coste jadis,
E en corut e eue e sanc.
    Mult sist bien sus le cheval blanc
1295 Qui valoit l'or d'une cité.
Il ot heaume de deïté
A .I. cercle de Jugement,
E portoit l'arc du firmament
Qu'encorda d'une doce corde
1300 La Dame de Misericorde;
Bone est li arc qui tel corde a,
Kar la dame qui l'encorda
Veut k'a sun fil nous acordons,
Qui d'une corde a .III. cordons
1305 Li fist l'arc du ciel encorder
Pur Deu e home entreacorder,
E li cordon de ceste corde
Sunt Pais, Amisté e Concorde,
E sunt cordé par grant acort.
1310 Par teus cordons nos quers acort

224c

Cil qui les descordes acorde,
Kar quer qui set plain de descorde
Ne puet avoir acordement
— Ou le roi de concorde ment —
1315 Au pere des misericordes.
 Onques li amirans de Cordes
Ne fud mielz munté en estur
Cum fud le roi en cel jur,
Kar tot le hernois al destrier   *224d*
1320 — Sele, lorain, poitral, estrier —
Estoient tot d'or ou de soie;
Et que jo mentieres n'en soie,
Gemmes i ot de meintes guises
En or e en argent asises,
1325 Trop riches e trop precieuses;
Esmeraudes si gracieuses
I ot, ke ço ne fud pas fins,
E eschabucles si tres fins
E autres pieres plus de mil,
1330 Dont valoit tote la plus vil
Quatre cens mars d'or esmeré.
 Plus vert ke n'est herbe de pré
Vi Cherubin en sa compaigne,
Qui sist sus .I. destrier d'Espaigne
1335 Qui bien valoit .M. mars d'argent.
 Antecrit e tote sa gent
Esbaï d'une blanche enseigne,
Qui du Seignor mustre e enseigne
Au tornement la venue,
1340 Qu'ele ert d'une si blanche nue
Que de nule rien n'iert tachié;
Au glaive paint ert atachié
A .IIII. salus Nostre Dame.
Cil n'ad garde de cors ne d'ame
1345 Qui est seignié d'itel enseigne.
 Vint trompeurs en sa compaigne
Avoit pur asambler sa gent.   *225a*
Chescon tenoit trompe d'argent
Ou araine ou bosine ou graisle;

1350 Tant sonerent k'en gros, qu'en graisle,
Qu'il assemblerent lur gent toute.
N'out s'anges non en cele route
Qui n'erent tuit plus blans que cignes.
Du descrivre ne sui pas dignes
1355 Les armes qu'orent cele gent.
Tuit estoient d'or ou d'argent
Li escu qu'a lor cols portoient;
E pur ço que trestuit estoient
Es espaules des angles né,
1360 Vous di k'il erent empené
Sanz faire autre discriesion.
Premier en cele legion
Fud Seint Michel, qui tant fu fiers
Que onques nul meillor chevaliers
1365 Ne fud, si come nous dit l'estoire.
Bien aparut a la victoire
Qu'il ot jadis de Lucifer,
Qu'il jetta du ciel en Enfer;
Le plus bieaus fud de cele gent.
1370 L'escu d'or a eles d'argent
Ot, empenés de messages.
E Gabriel li prous e li sages
Apres Michel el pré s'eslesse.
Son escu coisi en la presse
1375 Qui trop estoit parans e biaus;   *225b*
C'est .I. escu celestiaus
Tot estelés, c'est li escus
D'azur, empené de salus,
Dont Nostre Dame salua.
1380 E Raphael, quant veü a
Gabriel monté el destrier,
Sanz mettre le pié el estrier
Monte el cheval, qui trop fu biaus;
Ses armes furent angliaus
1385 D'or esmeré en vert assis,
A .I. poison, qui i fu mis
Pur ço qu'il porte medicine
Greignor k'a pierre n'a racine;

Thobie le pescha en mer:
1390 C'est le poison, de qui amer
Raphael rendi la veüe
Thobie, que li ot tolue
La rondele, se ne nous ment
La lettre du Vels Testament.
1395 Le soleil, qui ne sojornoit,
Apres prime son vis tornoit
E cheminoit tut droit vers tierce,
Quant jo vis montee la fierce
De l'eschequier dont Deus est rois.
1400 Quant jo la vi, .I. si cler rois
Me feri, qui de lui issoit,
Que tuz le ois m'esblissoit;
E Bras-de-Fer chaï pasmés,   *225c*
Qui n'estoit pas de lui amés.
1405 Mes pur conuistre e deviser
Mis mult grant paine a aviser
La dame que ci vus devis:
De bras, de cors, de mains, de vis
Estoit si tres bele a devise
1410 Que ja par moi, qui la devise,
Ne serra a droit devisee,
Kar sa beautee est devisee
D'autres par tel devision
Qu'onques ne vi en vision
1415 Si grant biauté en home né
Fors a celui, qui Deus doné
Ad de s'amor le privilege.
Cil la vit e descrit, e gie
Serrai donc teus qui la descrive?
1420 Cil qui par grant prerogative
Fud a son cors garder ellis,
Cil qui s'endormi sus le pis
Jhesu par grant dileccion:
De lui tele descrecion
1425 Nos portrait en Apocalise.
Il ne fist pas euré n'esclise
Quant ele vint la matinee,

Kar du ciel ert encortinee
D'u ne paroit tache ne nue,
1430 E estoit de soleil vestue
E ot la lune sous ses piés.   *225d*
Mult doit estre joiant e liés
Cil qui ele a s'amor donee.
De letre l'avoit coronee
1435 Le roi qui tous les rois corone:
Duze pieres en sa corone
Assez precioses e dignes,
Duze estoiles e .XII. signes
Ot neelees en la letre.
1440   En sa main tint en liu de ceptre
La verge Aaron qu'est florie.
Mult avoit bele compaignie
D'angles, d'archangles empenés.
Mult serroit de bone eure nés
1445 Qui sovent l'auroit en memoire,
Kar ele est mireor de gloire
Que angles en Paradis remirent;
Le mireor ou il se mirent
Fait mult glorius remirer.
1450 En si cler mireor mirer
Nos devon tuit, kar qui s'i mire
Ja de mal qu'il ait n'aura mire,
Fors la Virge Mere Marie.
Qui a cel mireor marie
1455 Son quer, e sa pensé toute,
Il puet bien dire ke poi doute
Antecrit e tote sa gent.
       En .I. tres a corde d'argent
D'un diapre de color inde,   *226a*
1460 Qui fud fait e tissu en Inde,
Descendi de sus la riviere.
Le tref estoit de grant maniere
A merveilles parans e biaus,
Kar il ert oevré a agliaus
1465 De fin or en azur assis.
Le pomel que Deus i ot mis

Estoit d'un escaboucle ardant.
Sus la riviere en .I. pendant
Fu tendu par tel maistire,
1470 Qu'il fesoit tot entor reluire
Le bois, les prez e la riviere,
Si ke le rai de la lumiere
Feroit si qu'en la maistre tor.
    En .I. trone de riche ator
1475 Paré de paile d'Aumarie
Se sist la Roine Marie
Pur les chevaliers esgarder,
E meismement pur garder
Sa gent de mort e de meschief.
1480   Or me doint Deus venir a chief
De descrire Virginité:
Tote en relusoit la cité,
Tant estoit clere e pure e fine;
De la devant dite roine
1485 Ert mult dame Virginité.
De lui est tele la verité
Que mult est glorius ses nons.
    Lors desploient les gomfanons
Religion e Abstinence,
1490 Confession e Penitence
E Chasteté, qui grant gent meine.
    Virginité vint premereine;
Sa mult petite chevauchié
N'ot pas encore chevauchié
1495 Une archié de pres fauchié,
Quant cil qui orent chevauchié
Avant furent venu as lices.
Ja ne quesise autre devices
Que regarder Virginité,
1500 Sun heaume e son escu listé
E sa lance e son gonfanon.
Pres de lui n'ot si virges non,
Mes sachez qu'il en i ot poi,
Que onques conoistre n'en i poi
1505 Veraies virges plus de .XX.

226b

Virginité montee vint
El blanc destrier de Mazonie;
Tote en reluist la praërie,
Tant par est cointe e ascemee.
1510 De blanc armes fud armee,
Plus blancs ke n'est noifs sur glace;
Sun escu fait luire la place,
Qu'ele avoit por son cors garder.
Ne l'osai pas bien esgarder,
1515 Que jo n'en estoie pas dignes.   *226c*
Li escus ert plus blancs ke cignes,
Si ert estelé de mainte jemme,
Bendé de salus Nostre Dame,
Chevroné de feste annieus.
1520 De blanches touailles d'auteus
Avoit faite cote a armer,
E d'un diapre d'outre-mer
Une baniere ot en sa lance;
D'un las de Simpre-Conoisance
1525 L'avoit a la lance atachié;
De nule tache n'iert tachié,
Ains ert blanche cume flor de lis.
    Mult mis mun quer e mon avis
A regarder Virginité:
1530 Ele ot heaume de deité
A .I. fort cercle de Ignocence
Doré de Nette-Conscience;
S'ot blanches armes, ço m'est vis,
Pur ço k'as angles de parvis
1535 Ert cosine, si come me samble,
E ke Virginité resamble
Les angles cum lur suer germaine.
En sa lance, ou ot fer d'Angaigne,
Ot portrait petis angelos.
1540 Onques glaive ne gavelos
Ne fu plus cointe ne plus gent,
Kar trop estoit fin li argent
Ou il erent assis e paint.   *226d*
Volans les fist cil qui les paint

1545 D'or e d'azure sus blanc argent;
     S'en furent plus bel e plus gent.
         Abstinence vint en la pree;
     Sour les armes dont ert armee
     Sembloit que eüst mult bien negié;
1550 Ele portoit escu losengié
     De Jeunes e d'Atemprance.
         Apres Religion s'avance
     E d'Esperance se parti.
     Ele portoit l'escu parti
1555 D'Oreison e d'Obedience,
     E ot heaume de Pacience
     A .I. cercle fort e metable
     Doré de Gloire-Pardurable,
     A .I. penoncel d'Ignocence.
1560   Religion sieut Pacience,
     Qui estoit d'un hauberc vestue
     E d'une haire a sa char nue;
     S'ot escu de Confession
     Losengié de Conpuccion,
1565 E de Pitié a une manche,
     Blanche com noif qui siet sus branche,
     Qu'ostee avoit de sa chemise
     La Magdalaine, e l'ot mise
     En l'escu par grant aliance.
1570 .I. blanc penencel a sa lance
     Atacha ma Dame Amistié,
     A .IIII. fresiaus de Pitié
     Que blanchi ot Confession
     Es lermes de Conpunccion,
1575 Qui estoit la veraie riviere
     E Confession lavendiere
     Qui les taces de tuz pechiés
     Lave, dont somes entechiés.
     Tel lavendiere est bien metable,
1580 Kar ele est la secunde table
     Apres le peril du deluge;
     C'est la dame qui vers le juge

227a

Nos trovera acordement,
Quant nous vendron au jugement.
1585   De fer s'est vestue e chaucié
E pensant passa la chaucié
La simple dame Humilité.
Tot l'or valoit d'une cité
Un cheval bais ou ele sist.
1590 L'escu d'or ot, qui bien li sist,
Bendé de Simple Contenance
Au label de Bone-Esperance,
Portrait sus Debonairté;
Croissant en argent foilleté
1595 I ot portrait de Dame Ris,
E se jo bien garde, m'en pris
La mort Orgoil escritz el fer
De sa lance, qui vint d'Enfer
Por Humilité mettre a pié,
1600 Qu'il avoi faite en son espié
La mort Humilité escrire.
Nul ne porreit adés descrire
Humilité ne sa valor;
Mult la loerent li plusor
1605 De ço que vint si sagement,
Si cointement, si doucement,
Que ço n'iert se merveille non.
Bassé portoit son gomfanon
E vint sor frain le heaume enclin
1610 Pur mieus mettre Orgoil a declin,
Qui het lui e sa contenance.
   Noblement parti d'Esperance
Pes, la cosine Pacience,
E Simplesce e Obedience,
1615 Pitié e Debonairté
Qui sunt filles de Humilité
Norries en Religion.
Pacience requist le don
— Pur ço qu'ot heaume d'aymant,
1620 Qui ne doute nul fer trenchant —
De jouster a Orgoil premiere,

227b

Por ço k'ele porte baniere
Devant ma Dame Humilité;
Par le los Debonairté
1625 Le vout la dame doucement.
      Tuit cist orent l'escu d'argent   *227c*
A une crois de Pacience,
A .I. baston de Penitence
Cloué par Grant-Devocion
1630 De dous poins par Conpunccion
El baston, qui bien i avint.
      Apres trop bien montee vint
Au tournoi ma Dame Largesce.
De sa maisnie avoit Prouesce
1635 E Hardement, sun aisné fil,
E bacheliers preus plus que .M.
Dont ne sai mi bien les nons.
      Lors desploient les gomfanons
Cortoisie e Franchise ensamble,
1640 Mes Largesce, si cume moy samble,
Trop gentement se deportoit:
.I. escu a sun col portoit
Qui n'estoit enfumé ne viés;
C'estoit l'escu losengiés
1645 De Pramesses e de Biaus Dons,
A .I. cartier de guerredons
Des armes au grant Alexandre,
Qui por tout doner e espandre
A .I. label de Overtes-Mains.
1650 Li chevalier n'est pas du mains
Qui tel escu a sun col pent.
C'est cil qui largement despent
E pramet poi e done assés,
Qui ja ne puet estre lassés
1655 Que toz jors ne doint a deus mains,   *227d*
Pramet e rent a tut le mains,
Si le don ne lui vient a main.
Nul ne doit atendre demain
S'il a que doner en present,
1660 Mes au demandeour present

Le don que sa main li presente.
Dons tardis, pramesse presente:
C'est don sanz sel e sans savor.
Itel don, quant bien l'asavor
1665 Truis si froit, si mal savoré
Que, quant bien l'ai asavoré,
Mal savouree savor a,
E s'unques nul asavora
Prameses, cil doit bien savoir
1670 Quele savour el puet avoir,
Kar jo, qui l'ai asavouree,
La truis si tres mal savouree,
Si peisant, si froide e si fade
Que savor ne truis, qui seit sade,
1675 Fors .I. poi de sel d'esperance;
La mouche de desesperance
Se sus tel pramesse s'embat
Le sel d'esperance en abat;
Car quant tel mouche s'i ajete
1680 Tote bone esperance en jete,
Si que bien di, tot en apert,
Que tel dounor le don pert.
      Prouesce, que ja ot passee
La porte, ot od soi amassee
1685 De la flor de Franc grant masse,
Que unques nul jor ne fud lasse
De lui servir entierement,
Kar li François tout ligement
Jointes mains si homes devienent;
1690 Come si home se contienent,
Si que nul son fié ne li lait.
Prouesce les ad de sun lait
E de sa mamele laitiés,
E se les a si afaitiés
1695 D'armes, dont tous jors les enseigne,
Qu'en lur lances portent l'enseigne
De Prouesce sus toute gent.
      L'escu d'onor bendé d'argent
Porte Prouesce, dont li our

228a

1700 Estoient bendé de Valour,
     A .I. liepart de Hardement
     Au leon d'or cresté d'argent,
     Billeté de cous sans manaces.
     Itel escu en totes places
1705 Porte Prouesce par verité,
     E porte heaume de Fierté
     Matirié de Pacience.
     De Los ert le fust de sa lance,
     El bois de Renomee pris,
1710 E l'enseigne d'un drap de pris
     A .I. leoncel de Victoire   *228b*
     Losengié de Veraie-Gloire.
         Aveoc Prouesce, qu'Amor meine,
     Cortoisie, sa suer germeine,
1715 E Largesce, qui trop li samble,
     Chevauche Amor. Totes ensamble
     De lur mains armerent Amors,
     Qui porte l'escu paint a flors,
     Doré sur azur una dance,
1720 Portraite de Bone Esperance,
     Au mireur de Cortoisie.
     L'escu, qui est sanz viloinie,
     A .IIII. rosignos d'argent,
     A l'esprevier cortois e gent
1725 Qui de voler ne se repose;
     L'escu a une passe rose
     Asise sur or fleureté
     Au label de Joliveté
     Qui tout le tournoi enlumine.
1730 De Traïson, la Poitevine,
     Se doute mult cil qui la porte.
         Ainsi passe la maistre porte
     Cil qui deçoit toute la gent.
     L'arc turcois encordé d'argent
1735 Tendi, e ot une cuirié
     De dars amourus si cuiurié
     E si plaine, que plus ne puet.
     Amors plains de faire l'estuet

En tret .I. dart dous e felon.   *228c*
1740 C'estoit .I. dart dont li penon
Erent de penes d'oriol,
C'Amors ot a .I. blont chevol
D'aliance lié au fust,
Dont sembloit ke la couche fust
1745 Entaillié de dous baissiers.
Dreite est la fleche, come loriers
Avoit jettee de sa tige;
El vergiee d'un suen home lige
L'a coilli Amors de sa main.
1750   Le fust doré, poli e plain
Ot enferé d'un si dous fer,
Que, se l'en ne dotast enfer,
Chescun vousist ke sanz demoure
En fust feru, si que la moure
1755 Du fer li remanist el quer.
El quer? Voire, si qu'a nul fuer
N'en puet estre retrais, non.
Non? Pur quoi? Kar le dars a non
Dous-Anemis; de Dous-Afaire
1760 Est le dart. Amors le fist faire
El chastel de Mate-Felon,
Kar nul n'a le quers si felon,
Si orgoillos, ne si divers
S'il sentoit le dart, dont li fers
1765 Fud en Cortoisie tremprés
Qu'il ne fust dous e atemprés
E cortois, ou vousist ou non,   *228d*
Kar Amor a si cortois non,
Que, se vilain de lui s'acointe,
1770 Amors le fait cortois e cointe
E le felon fait franc e dous,
E l'orgoillus met as genous
E dante les outres-doutés.
    Mult doit estre par tout doutés
1775 E les tirans met a merci.
Nus homes ne puet passer par ci
Que ne soit dous e paciens,

Non! S'il estoit Daciens
O Herode de cruauté,
1780 Kar qui qu'enques fait feauté
Al deu d'Amor, savés qu'il font?
Tel seignor servent qui confont
E destruit toute vilainie,
Car entre Amor e Cortoisie
1785 Courent si tres bien d'une lesse,
Que li .I. d'eus l'autre ne lesse
Aler sans lui ne champ ne voie.

    Ja li dieu d'Amor ne me voie
Mes, quan que lui demanc, m'en viet,
1790 Si sus Cortoisie ne siet
Amor, come li or sus l'azur:
De ço soient tuit asseur
Li mesdisant, qui n'i ont droit.

    Amor ot elme, e quel estoit?
1795 Quel? Il iert de si grant biauté   *229a*
C'om en peüst la roiauté
De Moretiegne enluminer.
De tel heaume avoir ne porter
Neïs du voir n'est nul dignes,
1800 S'il n'est cortois, dous e benignes,
Hardis e prous e nes e cointes.
Por acointer tous ses acointes
Des mesdisans, ot une enseigne
Qui a tous amoureus enseigne
1805 A tout doner, a tout espandre,
Si que lur largesce Alixandre
Mette si bien du tout arieres,
Que vers eus soit droit usurieres;
Kar bien porront en tel maniere
1810 Desploier au vent la baniere
D'Amor, c'aliance a partie
De largesce e de cortoisie.

    Por ço se j'ai Amor descrit
Ci entre la gent Jhesu Crit,
1815 N'est il mie tous jors des suens,
Fors tant cum est fin e buens,

Si cum en maint païs avient;
Ço que l'en doit, ço qu'il covient,
Doit on amer cortoisement.
1820 Qui aime bien loiaument,
Il est de la gent Cortoisie,
E autrement il n'en est mie.
   Cortoisie od Prouesce vint;   *229b*
Escu ot qui bien li avint,
1825 Que trop estoit de bele guise.
Ele avoit escu de Franchise,
De Beles-Paroles bendé.
Enseigne avoit d'un vert cendé,
A .I. esprevier afaitié,
1830 D'un trechoir ma Dame Amitié,
E de .II. froisiaus d'aliance
L'ot Amor lié a sa lance,
Dont le fer est bien esmolus;
A .IIII. clous de salus
1835 Est le fer atachié au fust,
E asambloit que li acier fust
Temprés en Deboinaireté.
Du fust vous di par verité
Qu'il estoit fait d'un olivier;
1840 Le non Gavain e Olivier
Ot fait en mi sun elme escrire.
Nul se porroit a droit descrire
Sun heaume, kar il est trop biaus:
De sus ot .I. blanc columbiaus
1845 Qui de Cortoisie ot .II. eles;
En ot autant penes e d'eles
Con Raoul de Hoding raconte,
Que des .II. eles fist un conte,
Ou conta sans mesconter
1850 Quatorze pennes, dont monter
Puet Cortoisie si c'as nues.   *229c*
Li colombiaus ot estendues
Ses eles sus dous penonciaus,
Qu'i ot asis parans e beaus
1855 Simplesce d'une soue guimple;

Sa contenance douce e simple
L'a bien au tornoi alosee.
He Deus! coment fu si osee
Vilainie, qui tant est amere,
1860 Qui de tote amertume est mere,
Qu'a Cortoisei fist mellee,
Qui tant est douce e enmiellee.
Tuit le tindrent a grant merveille
Fors moi, qui point ne m'en merveille.
1865 Por quoi? Pour ço ke Vilainie
Het par nature Cortaisie.
    Cortoisie aime Sapience;
Tuit li porterent reverence
Kar ele n'estoit fole ne nice,
1870 E pur ço qu'ele fu norrice
Davi e Salomon ensamble;
Ert la plus sage, ço me samble,
Des dames qui au tornoi vindrent.
Les armes trop bien li avindrent
1875 E trop se contint bel e gent;
L'escu letré d'or e d'argent
Ot relusant de toutes pars.
C'estoit l'escu as .VII. Ars,
Bendé d'Onor e de Conseil.   *229d*
1880 De la noblesce me merveil
Que Sapience en son heaume ot,
Kar jo vi escrit mot a mot
Le Testament Viel e Novel.
En sa lance ot .I. penoncel
1885 De la guimple Philosophie;
El fer de sa lance se fie
Kar il fu en Raison temprés,
E a Argumens afilés.
    Ainsi chevachoit Sapience;
1890 De pres la sivoit Providence
Qui est sa cosine germaine,
E portoit son escu demaine
A .I. quartier d'or foilleté
E d'eus de poons oilleté

1895 Por loins veir e esgarder;
      E ot por sa teste garder
      Hiaume lettré ou ot oillieres
      E nasal devant e derieres.
      Si k'ele avoit, ço m'est avis,
1900 Devant e deriere humain vis,
      Dont li .I. fesoit l'avangarde
      E l'autre l'arieregarde,
      Qu'ele ne peüst estre sosprise;
      E avoit en son heaume assise
1905 Une grant keue de poun,
      Dont pur verité dire poun
      Qu'ele ert si espés oilletee   *230a*
      Que rien n'entrast en la valee,
      Que Providence ne veïst.
1910 Il n'est rien qui la surpreïst,
      Non, qu'a chescon oeul k'ot Argus
      Providence en ot .M. ou plus,
      Dont ert alumee e esprise.
          De lorier, qui a paine brise,
1915 Avoit lance ou une enseigne ot
      Qui le non sa dame enseignot,
      Qu'avoit d'un drap d'Apercevance
      Engin atachié a sa lance,
      A .I. laz de Soutileté.
1920 E si vous di par verité
      Que ces dames n'aloient pas
      Desrees, mes pas por pas.
          Apres icés vi Charité
      Venir, sachiez par verité,
1925 Qui de totes vertus est mere.
      Guere pesant, dure e amere
      A tous jurs contre Ypocresie.
      Charité ot de sa maisnie
      Almosne, la fille Pitié,
1930 E pes, la cosine Amistié,
      Misericorde e Verité
      Qui sont filles de Charité
      Qui doucement s'entrecontrerent.

Justice e Pes s'entrebaiserent
1935 Au departir de la cité. *230b*
Justice avoit escu douté,
Letrés de discrés e de lois
Pur justiser e clers e lois,
Qui trop est biaus a aviser.
1940 Ne sai si saurai deviser
Charité, kar n'en sui pas dignes;
Ele portoit l'escu a .II. cignes
Doré de Nete-Conscience,
E i ot portrait Sapience
1945 Escuchiaus de toutes vertus;
S'en fud plus plaisans li escus
E plus biaus e plus desguisés.
N'oi pas encore bien avisés
Des escuchiaus l'une moitié,
1950 Quant jo vi Aumosne e Pitié
E Loiauté e Verité.
L'or valoient d'une cité
Li cheval ou ces dames sistrent.
Li escu que orent bien lur sistrent,
1955 E mult i orent grant fiance,
Kar d'une bende d'aliance
Erent bendé, e m'en recorde
Que a losenges de Concorde
E d'Amor erent losengié.
1960 Ausi armé, ausi rengié
Erent Pes e Misericorde.
Une trenchante misericorde
Ot chescune a sun coste ceinte; *230c*
Si ot fait a sa lance peinte
1965 Atachier .I. blanc penoncel,
Qui trop furent parant e bel,
Kar lachiés les ot e polis
Pitié, e lavés e blanchis
Es lermes qu'ele avoit plurees.
1970 Lances orent fors e fretees
Qu'Aliance fist d'alïer,
E ot chescune fait lier

Sun blanc penoncel a sa lance,
A .IIII. fresiaus d'aliance.
1975 Entre Largesce e Cortoisie
E Prouesce orent de maisie
Tous cels de la Table Ronde:
Artus, le meillor roi du monde,
Qui fu fil Uter Pendragon
1980 E portoit l'escu au dragon
De geules en argent assis;
Gavain, ses niés, ço m'est avis,
Od lui d'Esperance parti.
Gavain portoit l'escu parti
1985 De Prouesce e de Cortoisie.
Yvain ert en sa compaignie
E ot escu de bele guise
Parti d'Onor e de Franchise,
A .I. leoncel de Prouesce,
1990 As mains overtes de Largesce
Qu'orent Cligés e Lancelot
E tuit li enfant au roi Lot,
Qui s'entresambloient de vis.
Gorvain Cadrus e Meraugis
1995 Ont fait de lur gent .II. parties
E orent armes mi parties
De Biauté e de Courtoisie
Pur la tençon de lor amie,
Qui avoit non la bele Lydoine.
2000 D'outre les pors de Macidoine
Vint au tornoi la baronie.
Les armes au roi d'Orcanie
Furent portraites de merveilles.
Perceval ot armes vermeilles
2005 Qu'il toli jadis en Illande
Au vermail de la rouge lande
Quant il fud chevalier noviaus.
Mesire Keu le seneschiaus,
Sans faire autre discrecion,
2010 Ot les armes de Detraccion,
Endentees de Felonie,

230d

A rampones de Viloinie,
A .IIII. tortiaus fais e farsis
De Rampones e de Mesdis,
2015 Qui trop bien en l'escu avindrent.
　　Icés gens de errains i vindrent,
Que n'i avoit ke du lachier
Les heaumes, mes pur solachier,
Solonc lur ancien deduit, *231a*
2020 Orent chevauchié tote nuit
Par bois e par forés oscures
Querant depors e aventures
Par Cornevaille e par Illande
Qu'il vindrent en Berceilleande,
2025 Ou par poi ne furent tuit mort,
Car Perceval, qui par deport
Quid arouser le perron,
L'arousa par tel deraison
Que la foudre ocit plus de cent
2030 De lur maisnee e de lur gent.
　　Einsi d'une vile e de l'autre
Sunt issu, e lance sus fautre
La praarie ont chevauchié.
D'ambes pars ot grant chevauchié
2035 Mais trop plus ot gent sanz dotance
Le sire de Desesperance
Que n'ot cil d'Esperance asés,
Kar Antecrit ot amasés
Tant de gent cum il pot aveir,
2040 E abandona sun aveir
As sergans e as soudiers,
E pur plus avoir chevaliers
Maint usurier e maint vilain
Ad fait chevalier de sa main.
2045 　　Pur ço, si ot plus Antecrit
Chevaliers que n'ot Jhesu Crit
Amenés au torneiment; *231b*
Pur ço vint mult longement
Bargaignier de la departie
2050 De l'une e de l'autre partie

Des chevaliers, kar trop est griefs
D'asembler a si grant meschiefs.
Pur ço dient cil d'Esperance:
—Ne volon pas en tel balance
2055 N'a si grant meschief tornoier.
Mais donés nous cel chevalier
A cel escu d'or foilleté,
E nous donez cel oilleté
E cel noir e cel losengié
2060 E ces .III. qui la sunt rengié
A ces grans baniers vermeilles.
    —Ore escutez fieres merveilles!
Dient cil de Desesperance;
Se n'aviés escu ne lance,
2065 Auberc en dos, ne hiaume en chief,
Si serïon nous a meschïef.
Mes se vous volez tornoier
Donés nous cel grant chevalier
A cele grant baniere blanche,
2070 E celui qui porte la manche
D'ermine en l'escu listé,
E nous donez cel billité
Au leon rampant de synople,
E celui que voi-la sy noble
2075 As angelos portrais d'argent.   *231c*
Avoi! Vous avez tant de gent
Ke n'en devés plus demander;
Mes alez contremander
Lacier les hiaumes vistement;
2080 Kar l'eure du tornoiment
Trespasse e le jor se decline.
    Atant la bargaigne define,
Kar le tornoi ont acordé,
E Antecrit ad commandé
2085 A .I. heraut c'as hiaumes crit;
Ausi ont de par Jhesu Crit
Fait crier, si ke tuit l'entendent
E cil vallet les hiaumes tendent
A ces bons chevaliers de pris,

2090 Qui plus volentiers les ont pris
Que chapelés de flors noveles,
Kar mult lur plaisent ces noveles.
Tenchon, qui premier ot lachié
Le heaume e l'escu embrachié
2095 E s'est mise hors de conroi,
Par sun orgoil, par sun desroi
Est alee juster premiere,
E Frenesie sa baniere
Porte, qui s'embat en la presse.
2100 Tenchon contre Silence lesse
Cheval cure sans arester,
Mes Silence par escoter
Ot la victoire de Tenchon.   *231d*
Courut, plus ardant k'un tison,
2105 Asailli Debonairté,
Itant vus di par verité
Qu'ele a Courut pris e vencu
Pur ço k'ele porte l'escu
De Pacience, qui tout vaint.
2110 Pacience, qui ne se faint,
Laisse aler contre Frenesie
Sus l'escu paint de Reverie,
Ausi cum s'ele fust forsenee;
Si ad Frenesie asenee
2115 Que le hiaume li fent par mi,
E du cheval l'abat en mi
La place, trestoute esturdie.
Prison fiance Frenesie,
Quant ele ot le cheval perdu;
2120 Jo ne ting pas pur esperdu
.I. jougleor qui vielot,
Qui requist le destrier; si l'ot.
Amisté e Pes e Concorde
Encontre Haine e Descorde
2125 Laissent coure, e Anemisté.
Pes e Concorde e Amisté
Ont fait si riche venue,
Que jusqu'es poins en lor venue

Ont lur lances fraisnines fraites.
2130 Au torner les chevaus ont traites
Les grans espees de Coloigne.   *232a*
Sans faire demore n'aloigne,
Pes e Amisté e Concorde
D'armes ont Haine e Descorde
2135 Conquises, e Anemistié.
Par le lor largesce e pitié
Maint menestrel ont fait riche
Qui n'avoit avoir ne chiche.
      D'ambes pars fud grans li effors.
2140 Larrecin, qui fud prous e fors,
El tornoi se fiert a emblé;
Par grant air a asamblé
Lance bassié a Loiauté.
Mult jousta par grant cruauté,
2145 Mais ce ne fu pas atantkans,
Car bien ot Larrecins .II. tans
Cevaliers, que Loiautés n'ot,
Car Larrecins o lui menot
Homicide et Desloiauté
2150 E Murtrise, qui Loiauté
Heent de mort, e Roberie
E Barat, le fis Tricherie,
Hasart e Mestret e Mesconte.
Tuit ensamble, sans autre conte,
2155 Corurent sus a Loiauté,
Que n'ot od soi que Verité
E Ignoscence, sa cosine.
La lance par grant aatine
A Desloiauté abaissié,
2160 E Loiauté tote elaissié
En mi la place l'a plantee,
E trebouche de returnee
Larecin, le fis Mie-Nuit.
Barat, qui Tricherie suit,
2165 Ne pot atendre Loiauté.   *232b*
      Mençonge devant Verité
Va fuiant, kar ne l'ose atendre.

Verité pur Mençonge prendre
Par le tornoi turne e retorne;
2170 Qui l'encontre e ne se destorne,
Il est nice, kar jo sai bien,
Que Verité n'esparnie rien,
Ains fiert tous jurs a descovert.
        E Justice tot en apert
2175 A ses .II. anemis assamble:
Homicide e Mortrise ensamble
Qui li voudrent trencher la gorge
A lor espee Coupe-Gorge;
Mes Justice tant s'entremet
2180 Qu'a Murtre-Vile a .I. gibet
Les leva a .I. cheval fust.
        Anchois que retornee fust,
Si com le cheval la tresporte,
Traïson encontre e la porte
2185 Du cheval par enson la croupe,
E au retorner ad fait soupe
D'Ypocrisie en .I. putel.
Mes par tout le maistre castel
A fet traïner Traïson,
2190 Qui volt par sa grant mesprision
Murdir Loiauté par derieres
En mi la flote des destriers,
Ou Traïson s'estoit coulee.
Mes Verité toute prouee
2195 L'a prist le coutel en la main.
Justice encontre tout de plain
Rapine, la suer Roberie,
E abati sans loberie
Rapine e Mesconte e Mestret.
2200 E Hasart a le branc mi tret
Que fu plus joint k'esprevier,
Rades e justes e legier,
E courout Leauté a l'encontre;
Mes Loiauté d'un sol rencontre
2205 A fait tant tost Hasart du mains.
Hasart tint l'espee a .II. mains

232c

E l'en fiert, mes ço fud en vain:
Qu'il fiert Hasart ariere main
D'un gibet de .XVIII. poins,
2210 Si qu'il li fist voler des poins
L'espee par sa meschaance,
E a doné double chaance
A Hasart, dont li meschaï,
Qu'a cele chaance chaï
2215 D'itant cume le destrier fu haus
Sus l'escu paint a envïaus.

    Mes a cel coup pas ne l'envie
Hasart, kar il perdi la vie,
Si n'ot mes de quei envier,
2220 Car Hasart covint devier
Qui Loiauté ot envoié   *232d*
Mes ne pot a cele envoié
Faire enviail, non k'il chaï.
Mes a bon droit li meschai,
2225 Car tous jors du pis l'enviot;
E .I. heraut qui envi ot
Du cheval ou Hasart ot sis
Le demande, e si asis
Son franchois a lui demander,
2230 Qu'il l'ot sans contremander.

    Le soleil, qui d'eure ne ment,
A tant par mi le firmament
Monté de degré en degré,
Qu'il laissa tierce de sun gré
2235 E devers midi se torna,
Quant de tornoier s'atorna
Abstinence contre Guersoi.

    Ne jousta pas par tel essoi
Come Raoul de Hodenc jousta,
2240 Car Raoul a lui s'ajousta
E escremi e fud vencus.
Mes a Guersoi hauberc n'escus
Ne valut rien a cel asaut,
Qu'Astinence Guersoi asaut
2245 E le rent mat par atemprance,

E a ferue de sa lance
Yveresce desous la memele.
Son coup estort, cele chancele
E chiet el pre toute estordie.   *233a*
2250   Apres Yvrece a Ribaudie
Au retorner d'arme outree;
Pur ço qu'ele iert a lui joustee
Jousta a lui par tel desdaing
Qu'en .I. putel lui a fait baing,
2255   Que onques n'i vout querre autre place.
Au retorner l'escu embrace
E va jouster a Glotenie
E l'abat partel envaïe
Du cheval par enson la croupe,
2260   Qu'en .I. marçais l'en a fait soupe
E l'a en la boue lassié
E va ferir lance baissié
Lecherie plus ke les ambles;
L'escu de geules e de langes
2265   Li perce si k'en la fourcele.
Son coup estort, cele cancele,
Mes ne chaï pas maintenant;
E Abstinence .I. dart trenchant,
Quant ele ot froissié sa lance,
2270   Tres parmi la geule li lance
E en haut s'escrie: —Biau mestre,
D'un tel morsel vous sai jo pestre!
Or engoulés ceste engoulee!
Une forte lance ad recovree,
2275   S'en a Lecherie ferue
Si radement sans retenue,
Qu'ele chaï huntose e mate.   *233b*
De sa lance, qui pas n'esclate,
Va ferir par grant vasselage
2280   L'ainé fiz Vileinie, Outrage,
En l'escu paint de Gloternie
E le porte jus e le nie
En .I. marcais trouble e puant.
E cil heraut le vont huant

2285   Car au chaïr dona grant flat;
La le leissa hunteus e mat
E se plunge entre ceus de la.
     Vileinie, qui cheval a
Tuit le meillor qui soit en vie,
2290   Por asambler a Cortoisie
Des rens Antecrit se desroute;
Cele qui n'est fole en gloute
La rechut au fer de sa lance
Si radement, k'ele le lance
2295   En .I. fossé tote estendue.
E .I. heraut sans atendue
Qu'il la veit el putel flatie,
A escriee Vileinie
E dit: —Deus, com l'a bien bersee!
2300   He Deus, com est boneuree
Vileinie! Deus, cum biau lit!
Or est ele en sun grant delit!
     Tout issi cil heraut la huie
E tuit li autre a une huie
2305   Ont si Vileinie huee,   *233c*
C'onques mes issi grant huee
Ne fud en nule place oïe,
Qu'ele fu si grant, que l'oïe
Ala si c'a Desesperance.
2310   E Cortoisie de sa lance
Feri si radement Losenge,
Que l'escu portrait a losenge
Li fent, e le hauberc li desmaille.
Entrer li fait par mi l'entraille
2315   E penoncel e fer e fust.
     Lors li venist mieus qu'ele fust
Chiés les losengiers herbergié,
Car Cortoisie l'a laissié
En mi le pre huntose e mate.
2320   Sun coup esturt, sa lance esclate
E s'en passe, mes du retrous
Fiert Mesdit, qui vient a estrous
Jouster a lui par grant despit;

E Cortoisie sans respit
2325 Au torner a le branc mi tret.
Le haume a rampones portret
Li porfent si qu'en la ventaille,
Si ke li acer qui bien taille
Li porfent si qu'en la forcele,
2330 E le fent si qu'en la cervele
E tresbuche cel dolerous,
E en venge ces amorous
Qui tous jors heent mesdisans.   *233d*
      Mesdit remest el pre jesans
2335 E .I. heraut en haut s'escrie:
—Or a ma Dame Cortoisie,
Qui met mesdisans a declin,
A cele a qui furent enclin
Tuit cil de la Table Ronde,
2340 A cele, qui la fleur du monde,
Mon Seignor Gavain, afaita,
E de sa mamele alaita
Cligés, Yvain e Lanselot!
Issi dit cil, e quant cele ot
2345 Apres sa jouste son tor pris,
Lors saisi le cheval de pris,
Qui fud Mesdit, par mi la resne
E .I. heraut qui se desresne
A doné armes e cheval
2350 Qui furent Keu le senescal.
      Le jor estoit ja mi partis
Kar de tierce s'estoit partis
Le soleil, qui le mi parti,
Quant pur jouster des rens issi
2355 Avarice contre Largesce;
E Largesce vers lui s'adresce
Par tel desroi, par tel estrif,
Qu'il li tout l'un e l'autre estrif
Pur avoir, doner e espandre,
2360 A la lance au large Alexandre,
Qui Largesce tint en sa main.
      E Largesce, qui de demain   *234a*

N'a cure — ains done en present —
A Covoitise fait present
2365 De sun cors en l'espesse flote;
N'asembla pas ju de pelote
Quant li a lance plantee
En mi la targe besentee,
Si que hors de archons la plante,
2370 Le hiaume aterre ains que la plante
Du pié, e torne de ravine
Le destrier, s'encontre Rapine
De cheval, d'escu e de lance,
Si que lui e le cheval lance
2375 Sus la targe d'Usure painte,
En .I. fossé a cele empainte
E s'en va frain abandoné;
Mes tout a sun gaing doné
E au tornoi est retornee.
2380   Mes au torner a encontree
Avarice toute ellaissié,
Qu'ele quidoit avoir laissié
Morte e vencue en mi la pree.
Mes li Lombart l'unt remontee
2385 Qui estoient de sa maisnié:
De Largesce s'est bien vengié.
Au caple des espees nues,
Qu'ele lui fist voler as nues
L'espee a tout le main destre.   *234b*
2390   Se la vertu a roi celestre
Ne rent a Largesce sa main,
Par tant serront Franchois Romain,
Qui seulent estre mer e puis
De largesce; mes or ne puis
2395 Dire k'il soient large, non!
Largesce n'a mais que le non,
Largesce n'a mes le quer sain;
Sa main senestre a en son sain
E la destre lui est coupee.
2400   Fors de la presse l'a getee
Cortoisie, qui mult l'a chiere;

Desarmee lui a la chiere
E le a sous .I. pin descendue,
E de sa main a estendue
2405 Une coute de drap de seie;
Sous la riviere loins de veie
Sus .I. pin fist faire une couche;
Entre ses bras Largesce i couche
De sus le pin vert e ramu.
2410 Pur son meschief sont coi e mu
Cil menestrel, e destordent
Lor poins e si se desconfortent,
E gietent lor tabors en loing
Pur Largesce, qui a plain poing
2415 Lor seut doner; or a perdu
Le poing; s'en sont si esperdu,
Qu'il dient tuit; —Or n'i a el,
Vivre nous estuet de chatel!   *234c*
Faison du mieus que nous poön;
2420 Se Largesce moert, nous morron
De poverté e de meseise!
    Chevaliers ne sont pas a eise,
Ains la regretent mult sovent.
Ne mettront mais baniere au vent
2425 Cil povre bacheler de pris.
Or remaindront nu e despris
Ceus qui Largesce seut vestir.
Qui donra mes tires de Tyr
Ne riche paile d'outre mer?
2430 Cortoisi a le quer amer
Pur son mehaing, pur son meschief,
E Prouesce des eus du chief
Ploure Largesce, e si a droit,
Kar, qui le voir dire en voudroit,
2435 Prouesce sans Largesce est morte,
Prouesce sans Largesce porte
L'escu de biaus cous orfelin,
L'escu sans or, sans sebelin,
L'escu maté, l'escu vaincu;
2440 Deus gart Francois d'itel escu

E lor rende ains hui que demain
Largesce a tout la destre main;
Car jo sai bien que ne puet estre,
Que Largesce la main senestre
2445 Feïst biau don, ne ne quit pas,   *234d*
S'ele faisoit, qu'isnele pas
Le feïst, ains s'atarderoit
Tant, que le don qu'ele donroit
Devendroit tel pur l'atendue,
2450 Que ja n'iert merci rendue.

    Devant Prouesce la hardie
Plus que le pas fuit Couardie
Que Peor tint par mi la resne;
E Prouesce brandit le fresne
2455 Vers Peresce, qui torne en fuie;
Cil s'enfuient a une bruie
Fors du tornoi sanz retorner.

    Prouesce encontre au frain torner
Cerberus, le porter d'Enfer.
2460 L'en ne poroit en plon n'en fer
Entailler si tres leide forme
Contre nature, qui tout forme;
Quatre testes ot, e a .I. mot,
Vous di qu'en chascune hiaume ot
2465 Qui ert de pierre d'aïmant.

    Mais Prouesce sans contremant
Dechace le destrier e ploie
E sache si que le ploie
Par mi le mileu de l'escine.
2470   Cerberus sa lance fraisine
Aloigne, qui n'ert pas menue.
La terre tramble en sa venue
Car il vient plus rade ke foudre,   *235a*
E fait par l'air tant voler poudre
2475 Que le ciel en est noir e troubles.
Plus trouble vient a .IIII. doubles
Qu'estorbeillon plain d'anemi.
Ne recule pié ne demi
Prouesce, ains vint toute ellaissié,

2480 E si le fiert lance baissie
     Par tel aïr, par tel angoisse,
     Que la lance fraisinne froisse,
     Dont li tronchon volent as nues.
     Au caple des espees nues
2485 Fierent teus cous que tous s'estonent;
     Mult menuement s'entredonent
     Par bras, par testes e par cous
     Retraites, sorprenes e cous,
     Sormontee e entredeus,
2490 Si qu'en ne poöit entre eus deus
     Veer que les espees nues.
       Prouesce fist voler as nues
     A .I. seul coup au branc d'acier
     Deus des testes son aversier,
2495 E recouvre e fiert par tel force
     Que ne lui valut une escorce
     Li cuirs dont il l'ot fait coler,
     Car le tiers chief li fist voler
     Par mi l'air cum une pelote.
2500 Le cheval Prouesce en la flote
     Tresporte, qui ot dure bouee.   *235b*
     Cerberus, dont ele ot fait couché,
     Est tresbuchié en .I. marcas
     Ou il remist honteus e mas.
2505   Apres ices ne se faint pas
     De venir plus tost que le pas
     Virginité pur asambler,
     Si qu'en son venir fait trambler
     .C. piés environ soi la terre,
2510 E pur mieus afiner sa guere
     A Chastee en sa compaigne,
     E broche le cheval d'Espaigne
     Encontre Fornicacion,
     E sus l'escu paint a lion
2515 L'a ferue si radement
     Que escu e hauberc li desment,
     E l'a flatie sans delai
     Enverse en .I. si poant tai,

Que ço n'iert se merveille non;
2520 E court baissié le gomfanon
Contre Avoutire, e bien e bel
Que la targe d'uis de bortel
Li coust au bras, le bras au cors
E le porte des archons hors
2525 En .I. potel tout enversé,
E au retorner a bersé
Le tiers fis Fornicacion
Armé d'Abominacion
Qui quidoit bien valoir .I. conte;   *235c*
2530 L'escu au mireor de Honte
Li a fendu a sa forte lance,
E au cotir envers le lance
En .I. tai, ou ele en fist soupe.
Au trespasser sun nés estoupe
2535 Pur la puor ou il reclot.
S'a .I. brief beüst a escot,
S'en eust il pechié eü.
Tant a du puant tai beü
Qu'en puor est cil renoiés
2540 Par sun pechié puant noiés.
    Mes en une sauchoie espesse
Le dieu d'Amor e la dieuesse
Cupido e Venus ensamble
Remonterent, si com moi samble,
2545 Fornicacion de prinsaut.
    La veissiés trop fier asaut
Quant Cupido .I. arc torcois
Tendi e trait demanois
A Conscience entre sa gent.
2550   L'escu al rousignol d'argent
Embrace Amor li empenés,
E lor let coure les alés
De la riviere, e tut droit point
Vers Chastee, qui en mal point
2555 Fust, se ne fust tornee en fuie;
Mestier li est qu'ele s'enfuie,
Car el ne vient s'en fuiant non.   *235d*

Fuir l'estuet, ou voille ou non,
Ele fust prise a retenue,
2560 Car Cupido sanz retenue
Li a lancé maint dart felon.
    Mainte fois fu pres du talon
A ma Dame Virginité.
Venus maint coup li a doné,
2565 La mere Fornicacion
Qui tint l'arc de temptacion,
C'Amor encorde d'une corde,
Que cordee par grant concorde
Ot des trechons as demaiseles.
2570 Venus, qui virges e puceles
Asaut, tendi sanz atendue
L'arc amereus, s'a destendue
Une setee barbelee
Qui estoit d'Amor empenee,
2575 Si vola haut par l'air bruiant;
Virginité qui va fuiant
Eüst par mi le cors navree,
Mes la dame s'est destornee
Espontee e esbaïe
2580 E se mist en une abeïe
Pur son pucelé garder.
    Plus tost c'on ne puet esgarder,
La sieté qui s'onvola
Coilli; si radement vola
2585 Tout droit vers moi a la volee,
Que par mi les eus m'est coulee
Dedens le quer, si c'as penons.
    Mult reclamai Deu e ses nons
Quant le fer froit au quer senti;
2590 Mes trop a tart me repenti
Que jo ving au tornoiment,
Car le dart si parfundement
Feri, qui radement descouche,
Qu'il encoucha qu'en la couche
2595 Dont Amor l'avoit encouchié.
Mes Venus, qui l'a descouchié,

236a

Le fist par mi mes eus passer
Sans mes eus blechier ne casser,
Dont jo m'an doil e si ai droit.
2600 Mes qui le voir dire en voudroit,
Crestien de Trois dit mieus
De quer navré, du dart, des eus,
Que jo vous porreie dire,
Si fust ço bien de ma matire
2605 Car jo deïsse de chastel.
    Jo descendi, ke n'i ot el,
Sus l'erbe vert, mat e pensis.
De la dolur du coup m'asis,
Mas e destrois e angoisseus.
2610 Mort fusse se jo fusse seus,
Mes Bras-de-Fer me conforta;
Mes cuers trové grant confort a
En lui qui ert desconfortés.
Ne quide ja ke confortés
2615 Peüst estre par nul effors;
Tant fud le coup pesmes e fors
Que jo rechui par grant meschief.
    Esperance me tint le chief
Desesperé entre ses mains,
2620 Car tant estoie mas e vains
C'a poi ne me covint pasmer.
    Adonc me pris a desarmer
Mes compains pur cerchier la plaie,
Mes en noient sa paine emplaie,
2625 Car il n'i pert de plaie point,
Tant estoie jo e pior point
De trop, e en graindre aventure
N'i trovassent coup ni pointure
Trestuit li mire de Salerne.
2630   Adonc first entor moi .I. cerne
Ausi cum por moi enchanter,
E puis me fist au col porter
.I. brief par nigromance escrit,
Ou il ot les nons Antecrit
2635 Escrit en grieu e en latin.

236b

Mult estoit bon pur avertin
Li briés, mes li briés ne li non
Ne me firent s'empirier non
Ma dolur, qui point s'aleja.
2640   Desperance tant me greva
Que jo chai en paumeison,   *236c*
Tout pasmé une avision
Vi, qui ert bele a deviser,
Car tant me plut a aviser
2645 Que tout le quer m'en resjoï,
C'onques a nul esvanoï
Si bele avision n'avint.
    Vis me fud que devant moi vint
En tel forme come doit estre
2650 Forme de dieusse celestre,
La ou ere en m'acession
Venus a grant procession
De dieuesses, qui par Amors
Vindrent pur moi doner socors
2655 Du mal c'avoie au quer dedens,
Qui est pire que mal de dens.
    Atant s'asistrent environ
E la dieuesse en son giron
Me tint le chief pur alejance.
2660 Amors m'aporta d'Esperance
Une mervoillose poison
Qu'avoit confite en sa maison
Delectation, l'epissiere.
Le poison ert de grant maniere
2665 D'espises chaudes e agues.
N'a surgien de sous les nues
Qui pas la seust contrefaire:
Delectation la fist faire
A Biau-Repaire en soupechon   *236d*
2670 D'angoisse e de double frichon
E de sospirs la destempra.
Trop estoit fort; si l'atempra
D'une longe pensee frite
En anguisse, la leschefrite.

2675   Amors, si joint cum el etoit,
Devant Venus en peis estoit,
Qui tint mon chief en son devant
E Temptacïon va devant
Com disciple devant son mestre.
2680   La poison tint en sa main destre
En une fïole de argent.
Amors la fïole me tent
E me dit que sans nule doute
Beüsse la fïole toute
2685   El non de bien e de santé.
      E jo, qui voil sa volonté
Acomplir tout a la devise,
De sa main ai la poison prise
E l'ai un poi asavouree;
2690   Mes tant la trovai savouree
Qu'ele n'i ot point de foison;
A .I. seul trait bui la poison
Si qu'en l'argent n'en remest goute.
Mes tantost me prist une goute
2695   Qui me dut l'ame du cors traire
S'Esperance la debonaire
Ne fust, qui me fist .I. entret.   *237a*
      Quant il me vit entrer el tret
Ou je chaï par desespoir
2700   .I. emplastre de bon espoir
M'asist sus le coste senestre
E apres me tint sa main destre
Contre le quer tout de son gré
E me dist basset a segré
2705   Sus le chief .I. merveillos carme,
E me portrait d'un poi de basme
Le non Dyane en mi le front.
      Si carme greignor bien me font
Que la poisson de la fïole,
2710   Car rendue m'a la parole
E mon sens, e mon esperis
Revint, e quant fu esperis,
Clamer m'alai a la justice

Que tous les amereus justice,
2715 Des .III. qui cest mal m'orent fait,
Savoir, lequel m'a plus mesfait:
Mes cuers, la dieuesse, ou mi oil.
   Le juge dit: — Blamer n'en voil
La dieusse, par foi jo non.
2720 La dame, qui Venus a non,
Ne te quida mie blecier.
A .I. autre voloit lancier,
Non pas a toi, son gavelot.
Onques ti oil, quant lachié l'ot,
2725 Ne se deignerent remuer.   *237b*
A tes eus pues bien atorner
Ceste traïson toute aperte,
Qui rechurent a porte ouverte
Sans contredit ton aversier
2730 El chastel, dont il sont portier.
Ti oil, qui le voir en retret,
T'ont fait de traïson .I. tret.
   A icest mot lor gages tendent
E de traïson se deffendent
2735 Mi oil, e dient la raison:
—Li quers, font il, de la maison
Est le sire, nous li sergant,
Qui son commant sans contrement
Faison, si tost com il commande.
2740 Can qu'il nous dit, can qu'il nous mande
Faison, ne ja n'iron en proie,
Si le cuer ne nous i envoie;
Sans son commant rien n'en feson.
   A cest mot vi venir Raison;
2745 L'ainsnee fille Sapience
La diffinitive sentence
Rent, e ront la desputeison,
E dit: —Le cuer fu l'acoison
Du mal qu'il a. Plus en doit estre
2750 Blamés que nus, qui la fenestre
Laissa overte comme fous,
Par ou li descendi li cous

Du fer, dont il guarra a tart.   *237c*
—Raison a fait loiel esgart,
2755 Ço dient tuit communeaument;
Mes onques por sun jugement
Ne laissai a esgarder, qui
Fu vencus, nel quel venqui,
Tant que jo soi par verité,
2760 Que ma dame Virginité
E Chastee e lor gent toute
Fuirent tant, qu'il ont sans doute
Gaaignié le ju par aler.
Qui oï onques més parler
2765 De si glorïose victoire,
Ceste fud bien sans vaine gloire.

     D'autre part bruiant s'entrevienent
E les lances basiés tienent
Sainte-Fois encontre Heresie,
2770 Qui ert cosine Ypocrisie,
La singesse de Charité.
De Cahors de la charité,
D'Aubijois e de Toulousen
E de Pavie e de Melen
2775 I ot millers, mes ne sai quans
De Bogres, de Popelicans,
Qui vindrent par une posterne;
Mes par la cité de Bisterne
Orent passé le jor devant.
2780   Sainte-Fois lor vint devant
E le maistre de Sainte Iglise,   *237d*
Qui ont si bien la guerre emprise
Que dampné furent tuit errant
Li Aubijois, li Tiserant,
2785 E pris e repris a .I. point
De la foi, dont ne tienent point
Par lor interpretacïons.
     Mais lor fauses opinïons
Cerche tant Seinte Yglise e preuve
2790 Que de mauveisté les repreuve,
E Sainte Fois porte Heresie

Sus l'escu paint de Symonie
Entre les piés as Tisserans
E lui e les Publicans
2795 A fait livrer a la justice.
E Droit, qui Fauseté justice,
Lor fist faire de dampnement
A tous ensamble .I. jugement
Selonc ço, que orrent meserré,
2800 Car tous les fist ardoir en ré,
Maintenant qu'il furent repris.
De ço lo-je Justice, e pris
Que sans merci tous ces prisons
Fist devenir cendre e carbons.
2805 A l'eure que Orgoil asambla,
E verraiment a tous sambla,
Que la foudre deüst decendre.
Quant jo vi la place porprendre
Lui e sa gent de toutes pars,   *238a*
2810 Es eus me feri li espars
Des armes ou vi luire l'or,
E de peör me seignai lor
Plus de .C. fois en .I. randon,,
Quant Orgoil vint frain abandon
2815 Contre ma dame Humilité.
D'Orgoil vous di par verité
Que Baucent de sous lui chopa
Si radement, que une soupe a
Faite d'Orgoil en .I. marcas
2820 Ou il remist hontus e mas,
Qu'onques aillors ne tint prison.
E Boban par sa mesprison
Let aler contre Pacience,
E Despit contre Obedience,
2825 Mes trop cruaument s'entrajoustent
Qu'en costisant des lances joustent
De chevaus, d'escus e de pis
Si c'au catir chaï despis,
E Boban perdi les estris.

2830   Lors recomence li estris
Quant Humilité prist son tor,
Car Vanterie en sor retor
Encontre, qui porprent les places.
Sus l'escu portrait as manaces
2835   La fiert, e issi bien jousta,
Que Vanterie en la jouste a
Le cheval perdu maintenant,   *238b*
E Cointise, en sa main tenant
Une lance painte, encontra.
2840   Mes Cointise a cel encontre a
Acointié cruel acointe,
Qui sans nule cointise acointe
Cointerie si cointement,
Qu'au ciel a cel acointement
2845   De la lance vont les esclices;
Cointise, qui va des espices,
Vole a terre trestoute estordie.
    Au relever acort Folie,
En son col une grant masçue;
2850   E Sapience .I. coup li rue
Du branc a proverbes lettré;
S'abat morte Folie el pré
Qui ne doute. devant qu'el prent.
    Niceté, qui vint necement,
2855   .I. cheval braidif corre laisse;
Providence vers lui s'eslaisse
Quant ele vint le branc mi tret
D'une glaive a Argumens portret
La porte au pré si cruaument
2860   Qu'il n'ot, ne ne voit, ne entent.
    Pluto s'embat en mi la flote;
Ne sembla pas ju de pelote
Quant Raphael le cheval a
Eslaisié contre ceus de la
2865   E a fait trop riche venue,   *238c*
C'a terre porte en sa venue
Pluto, e si forment l'empaint

Sus l'escu a tenebres paint,
Que li a routé la chanole.
2870   A .I. jougleor qui citole
A doné armes e cheval,
Qui furent au dieu enfernal,
Mes ne fu pas au doner chiches,
Car mult et biaus li dons, e riches
2875 D'un destrier qui vaut bien .C. mars.
Au secorre Pluto vint Mars
Qui est dieu de bataille dis.
L'escu embrace e joint su pis
E laisse corre a ceus de la.
2880 Mars, qui tres radement ala,
Fiert Raphael de maintenant
Qu'il vit en sa main tenant
Une lance, ou ot blanch enseigne,
E Raphael en mi la pleigne
2885 Le lonc de la lance le porte.
    Si com le destrier le tresporte
Mercurium ad enversé
E au retorner a bersé
Nepturnum le dieu de la mer,
2890 E au cart coup se va clamer
De Saturno a sa forte lance,
E au torner Apolin lance
En .I. marcais tout abandon,   *238d*
Qu'il feri de si grant randon
2895 Que du glaive parut deriers
Plus d'une toise. E li destriers
Gabriel prist le frain as dens;
Envers e sorcoste a adens
Tout ceus, qu'il encontre, porte
2900 Si come le destrier le tresporte.
    Le soleil ot ja tant erré
Que par le grant chemin ferré
Est venu de midi a none.
    Antecrit le frain abandone
2905 Au fort destrier desmesuré,
Qui de prinsaut a mesuré

De prié fauchié plus d'un arpent.
La poudre fait lever du vent
Le cheval qui vaut .I. mui d'or.
2910 La oïssiés soner main cor
E mainte trompe e mainte araine,
E au ciel la poudre e l'alaine
A grans estorboillons levee
E come broillas en valee
2915 Tout le tornoiment fumer,
E ces chevaliers escumer
Sous les hiaumes par grant angoisse.
Antecrit, qui Pluto angoisse
D'asambler e de faire d'armes,
2920 L'escu a pris par les enarmes
E broche contre Michel l'ange,   *239a*
E l'escu cum .I. drap de lange
Li a troé a cele empainte,
A la lance de deaubliaus painte
2925 Qui au ferir esclate e froisse;
E Michel par si grant angoisse
La lance en mi l'escu li plante,
Qu'il lui fait l'une et l'autre plante
Par force faillir des estriers.
2930 Mes fort fu li archon deriers,
Si qu'il n'esclate ne ne loisse.
Son coup esturt, la lance froisse,
Ou avoit paint maint angelot.
Michel qui pas ne chancelot
2935 S'est plongé entre ceus de la,
E si tres radement ala
Pur eus laidir e damagier,
Qu'ausi les ad fait desrengier
E departir a tropiaus
2940 Come li esprevier estorniaus,
E retorne le branc mi tret.
E sus le hiaume a eles portret
Le fiert Antecrit abandon,
E Michel fiert lui de randon
2945 Sus le hiaume du branc moulu,

Si c'au ferir li a tolu
E chamaheu e crapoudines.
As fors espees acerines
Ferent come fevre sus englume,   *239b*
2950 Si que du fer le feu alume
E en vole mainte estincele.
Michel li fent e escartele
Li hiaume agu de chief en chief,
E Michel rest a grant meschief,
2955 Car le hiaume a eles portret
Li a si estroué e fret
Que les eles en fait voler.
    Par tans covenist afoler
Ou fiancer ou l'un ou l'autre,
2960 Quant d'ambes pars lance sus fautre
Vient chascon son seignor socorre.
Lors veissés vertus acorre
Por prendre Antecrit tout entor,
E il plus ferm que nule tor
2965 S'est si es archons afichiés,
Com s'il i fust né ou fichiés,
Mes trop a soufert longement.
    Ja fust le roi du firmament
Venu a Seint Michel aidier,
2970 Mes ja avoit fait fianchier
Mechel a Antecrit prison,
E a mis le frain abandon
E laisse courre a ceus de la
E si tres radement ala
2975 Come la foudre qui descent,
Si qu'en son venir plus de cent
Ad fait renverser jus c'as lices.
    Lors veissés vertuz e vices
Ferir ensemble pelle melle:
2980 Si menuement come grelle
Fierent vertus sanz arester.
Ne cesserent de tempester
E de cachir e de ferir,

Tant que desesperés fuir
2985　Les firent en Desesperance.
　　　　Lors s'en retorne a Esperance
Joiant le roi du firmament.
C'est la fin du torneiment,
Dont li depars qui vient aprés
2990　Est plus delitables adés.
　　　　Le soleil, qui clarté donot,
Laissié l'eure de none ot
E par le firmament ala
Tant que par le pui avala
2995　De vespres el val de occident,
Quant le sire du firmament,
Qui desarmee avoit la face,
Anchois qu'il partit de la place
Raphael mande qu'il se praigne
3000　Des navrés garde, e qu'il retaigne
Confession e Penitence;
E Raphael qui pas ne tence,
Ains il obeïst au premier mot,
Les navrés, que de cuer amot,
3005　Gari par la vertu celestre　　　　　　　*239d*
E a Largesce sa main destre
Rendi par si bel mestire,
Qu'il n'est home qui seüst dire
La quel main l'un li ot coupee,
3010　Que si la li a bien soudee
Que n'i pert coustore ne point.
　　　　Mes jo dout trop qu'en si bon point
Ne soit jamais com ele seut estre,
Mes l'on tient a si tres bon mestre
3015　Raphael, qui la lor devine
Apele la dieu de medicine,
Que jo croi que quant qu'il afaite
Rechoit seinté bone e parfaite,
Car Deus, qui oevre de sa main,
3020　De mort fait vif e d'enferm sain
Come cil qui tout de nient fist;
E Raphael tant s'entremist

Qu'il gari tous les afolés
E suscita les decolés
3025 E les navrés ferus de vices.
    Confession autre devices
Ne quiert, que de lui presenter
S'aide e de ses plaies tenter,
Car volentiers i met s'entente.
3030 Totes les plaies qu'ele tente
Leve seinte Confession
Es lermes de Compunccion,
Qui sunt plus ameres que suie;   *240a*
E Penitence les eissuie
3035 An drap de Satifaccion.
    Lor me semont Contricion
Que jo alasse parler au mire
Qui toutes les plaies remire,
Des qu'en avoie a aisement;
3040 Lors alai a lui bonement
E en plorant criai merci
E lui dis: —Maistre, jo vien ci,
Que jo sui trop en mauveis point,
Car Venus de sun dart m'a point
3045 E Cupido, si tres parfont
Que se cil mire ne m'en sont,
Que m'ont le dart el cuer planté,
Ja n'aurai joie ne santé.
    Li maistre, qui tout mot a mot
3050 Mult volentiers escoté m'ot,
Me respondu isnele pas:
—Amis, ne vous esmaiés pas,
Mes alez a Confession
E gardez, que Devocion
3055 Vous maint a lui, car mult l'a chere;
Se vous fera plus bele chere
E plus volentiers vous garra
E a vos plaies vous querra
.I. oignement dous e temprés,
3060 Qu'ele a confit e destemprés
Des lermes e de Compunccion;   *240b*

S'avoir poés cest oncion,
Gari serrés en .I. moment;
E sachiés bien que autrement
3065 Ne poés avoir medicine,
Ne par herbe ne par racine,
Car si parfont enracinés
Est le mal, que desracinés
N'iert ja, for par Confession.
3070   Lors me semont Compunccion
E Devocion sa cosine
Que j'alasse querre mescine
Se comme le maistre m'enseigna;
E mon cuer faire ne deigna
3075 Au conseil faire demouree.
    La ot mainte lerme plouree,
Dont ma dame Confession
Une merveilluse oncion
Me fist, e tant s'umelia,
3080 Qu'ele meimes me lia
Sous mes plaies mult doucement
Icel glorius oignement
En une bande lee e blanche,
Qu'estoit faite d'une mance
3085 De la chemise Penitence.
    Jo souffri tout en pacience,
Quant que la dame me vout faire.
Liément me mis el repaire,
Quant jo me senti bien confés
3090 E legierement, kar mon fés
Dont avoie le col chargié,
M'a Confession deschargié.
    Lors m'en reving au pont de fust,
Ou quidai que Bras-de-Fer fust,
3095 Que jo tout soul i oi laissié.
Mes jo le vi tout eslaissié,
Desperé en Desesperance
Entrer, que onques puis m'acointance
N'ama, des que Devocion

240c

3100 Me mena a Confession
      E Penitence la Miresse.
          Par mi une sochoie espesse
      M'en ving tout droit a Esperance.
      Forte est la cité sanz dotance
3105 E siet en trop bele veüe.
      Onques tele ne fust veüe
      Car ele est tres bele a devise.
      Ezechiel, qui la devise,
      Dit qu'ele a devers orient
3110 Quarte portes, e vers occident
      Autant, e par verité vous di,
      C'autant en a devers midi
      E tout autant par devers bise.
      N'erent pas fait de pierre bise
3115 Li mur dont ele estoit fremee,
      Car ele estoit close e pavee
      De pierres precioses toutes.
      E sachiez bien, sanz nule doute,
      Que li ange guaitent tous jors
3120 La cité de nuit e de jors.
          Ço ne tienge nul a merveille,
      E se nul est qui s'en merveille
      Le prophete Ezechiel lise,
      Qui si cointement la devise
3125 C'aprés son devis n'i os mettre
      Ne mot ne silebe ne lettre.
      Mes itant di a la parsome,
      Que Ezechiel la cité nome
      Jerusalem, e jo Esperance.
3130 Mes qui set la senefiance
      De la Monjoie de Parvis,
      Il doit bien savoir, ço m'est vis,
      Que Monjoies est le non esprés
      De droite vision de pés,
3135 Que Jerusalem senefie.
          Par de devers la praërie
      Me mis en mi la maistre rue.
      Chescon au col ses bras me rue

240d

E me font merveilluse joie.
3140 Cele nuit jui a la Monjoie
De Parvis, a l'ostel Largesce,
Huis a huis del hostel Prouesce.
    En unes sales lambroisiés
En dous chaieres deboissiés   *241a*
3145 Sistrent Lasgesce e Cortoisie;
Par amor e par compaignie
A .I. ostel ensemble vindrent.
Robes qui trop bien lor avindrent
Orent d'un vermail siglaton
3150 A boutones qui de laton
N'erent pas, mes d'or ou d'argent;
Furent cousues bel e gent
E estoient d'une façon.
    N'est pas mester que nous façon
3155 Mencion des més de la cort,
Ne du pueple qui i acort
Quant l'on ot fait l'iaue corner,
Car Largesce ot fait crier
Que trestuit a son ostel viegnent,
3160 E que de lui lur gages preignent
Tuit cil qui n'i voudrent venir,
Car ele veut ostel tenir
Tout le plus bel de la cité.
    Li baron qui furent cité
3165 Vindrent a grant procession.
La veille d'une Ascension
En esté, a .I. mescredi,
Fud la feste que jo vous di,
Qui mult fud noblement servie,
3170 Car Largesce s'estoit garnie
De quant qu'ele poet de bon trover
En air e en terre e en mer   *241b*
E en estans e en rivieres.
    Des chevaliers portants banieres
3175 Qui i furent, quans en i ot
Ne porroie sans grant riot
Aconter en nule maniere.

Largesce sist toute premiere
Au large dois la sus amont
3180 El plus lé palais qu'en cest mont
Onques mes Largesce veïst
Car largement i aseïst
.X.M. chevaliers ensamble.
Jouste Largesce, ço me samble,
3185 Sist Cortoisie la cortoise,
Qui devant lui a une toise
Du chief du dois me fit seoir,
Por ço que me voloit veoir
E honorer sous tote rien.
3190 Aprés itant vous dis-jo bien,
C'a grant largesce e a grant joie
Des viandes de la Monjoie
Fu Largesce e sa cort servie
Par les disciples Cortoisie,
3195 Qui bien se seurent acesmer
De dras qui vindrent d'outremer,
Si qu'il sont bel sus totes choses,
E servent en capeaus de rose
Que tuit corteis poent porter.
3200 Bien parut as més aporter
Qu'il servirent cortoisement
De dignes més mult dignement
Dignes de si dignes disner.
A disner si dignes disner
3205 Ne se doit nul, se saint e digne
Ne se sent; dignement se digne,
Qui la conscience digne a.
Ainsi dignement se digna
Seint Johan, que le roi benignes
3210 Semont au disner, dont ert dignes.
Ja voloit on lever les tables
Quant Gabriel le conestables
De par le roi vint en present,
Qui a presenté .I. present
3215 Du pain le roi au dois amont;
Mes ço iert le plus beau pain du mont,

241c

Si blans, si frés, si precieus,
Que desirans e envieus
Sui encor de tel pain avoir,
3220 Car on n'en puet pur nul avoir
Trover une denree a vendre.
C'est la magne que Deus descendre
Fist pur sa gent rasacier.
Nul pur beisant ne pur dener
3225 N'en a point, car le roi le done
Si largement qu'il l'abandone
As suens, mes cil qui dignement
Nel prent rechoit son dampnement   *241d*
Car cel pain est le pain de vie,
3230 Le pain as anges, dont servie
Est lor table, voir tout dis.
　　　N'ont autre més en Paradis
Fors .I. qui est de riche ator:
La visïon lur criator
3235 Qui si les paist e resacie
C'avoir ne voulent autre vie,
N'autres viandes, n'autres més.
En la magne ot riche entremés
Car a cort en vient poi de teus;
3240 En blances tuailles d'auteus
L'aporterent dui angelot.
　　　Gabriel, qui presenté l'ot,
N'iert pas encor hors de la porte
Quant .I. autre vient qui aporte
3245 Dous vaisiaus d'or tot plain de vin
Qui fu pris el celer divin—
Mes tant par est cler e devins
Le vin le roi, le roi des vins,
Qui crut en la devine couche
3250 Qui fait bon cuer e bone bouche,
Car c'est un vin vermail, rosés;
A la court Dieu n'est si osés
Nul, tant par soit frailles e fors,
Qui em boive par nul effors
3255 Sans eue de devine fonteine.

Largesce sa coupe demaine   *242a*
Me tendi, e jo pris la coupe
E bui trestout. —Deus, moie coupe!
Le vin, qui tant est plain de vie
3260 Que c'estoit une melodie
De boivre apres tel pain tel vin,
Si fort, si franc, si frés, si fin,
Si sade, souef, si flairant,
Si front, si cler, si fresillant,
3265 Que tout en fumes embasmé.
O le vin ot en presenté
De tous les fruis de Paradis,
Fors de celui qui mist jadis
Eve e Aden de Parvis hors,
3270 Qu'il mordrirent tout a .I. mors
Ensemble la pome e la mort,
Dont lor lignage eüssent mort
Se ne fust la veraie vis
Qui crut en la vigne Davis,
3275 Dont le vin est tant delitables.
Atant ont ostees les tables.
A tans serains aprés mangier
Entrames tuit en .I. vergier
Qui trop estoit floris e biaus,
3280 E ert tous as murs querniaus
Clos plus richement du monde.
Aubespin ot al aroonde
Si durement, floris, que gié
Quidai bien qu'il eust negié   *242b*
3285 Pour la blancor qui m'esbloï,
Si c'a poi ne m'esvanuï
L'odor des flors de l'aubespin;
Qu'il n'a souz ciel lorier ne pin
Si bon, tant come la flor novele
3290 Nous renovele la novele
Du tans novel. Li oisellon,
Chascun dedens son paveillon
Que Deus lui ad fait e tendu,
Chante el vergié col estendu,

3295   E le rosignol cha e ci
       Crie: —Fui! Fui! Oci! Oci!
       Si que sa manace tormente
       Tout le vergié. Au pié d'une ente
       S'asist Largesce e eranment
3300   M'apela, e enquist coment
       J'estoie venu a sa cort.
       Cortoisie me tint si cort
       Que lui contasse m'aventure,
       Que jo lor contai a droiture;
3305   Sans mentir au mien escient
       Le dis. Mult s'en rist durement
       Cortoisie e grant joie en fist.
       Largesce si forment s'en rist
       E tuit e totes firent joie,
3310   Si que par tote la Monjoie
       Fud oïe cele risee.

         Tantost Largesce la loee   *242c*
       Par Large-Main, son boteillier,
       Fist .I. ferré destravaillier
3315   Tout plain d'onor, rosé de gloire;
       Honor beümes, c'est la voire,
       Autant ou plus sans autre conte
       Come l'en avoit beü de honte
       Le jor devant chiés Antecrit.
3320   Large-Main, sanz mettre en escrit,
       L'aporte d'une froide roche.
       A itant entaillés la broche
       Que onques mes si riches ferés
       Ne fu en celier enserés,
3325   Car c'estoit le mieudre du mont.
       Devant le roi la sus amont
       En fist Largesce presenter.

         Lors veissés honor porter
       As bacheliers e as barons.
3330   Tant en a fait presens e dons
       Largesce, que tous les enteste:
       Ço fu le congié de la feste.

Chascon a son hostel ala,
E jo cele nuit remés la
3335 Chiés Largesce, e fu bien servis.
Volenters escouta mes dis
Cortoisie, ma dame chiere.
La disme de la bele chiere
Qui me fu en la vile faite
3340 Ne serra ja par moi retraite, *242d*
Car n'en porroie estre creüs.
    Des bons chevaliers esleüs
Fu bien la novele seüe;
Mult fu Prouesce porsieüe
3345 E regardé a grant merveille;
Tote la vile s'en merveille
E li .I. a l'autre le moustre:
—C'est cele qui tua le moustre!
E dient que grant vertu a
3350 Por ço que Cerberus tua.
    Ainsi loent li .I. Prouesce;
Li autre parlent de Largesce
Qui a tout son guaain doné
E a le suen abandoné,
3355 Si qu'el menjue a porte ouverte;
Li autre selonc sa deserte
Vont de Cortoisie parlant
E de Charité la vaillant
E de ma Dame Humilité,
3360 E li autre de Verité
Qui ne savoit rien esparnier;
A l'autre oissiés enseignier
L'ostel Pés, la suer Amistié,
E a l'autre l'ostel Pitié
3365 A tous les esgarés enseigne;
E as autres la blanche enseigne
Moustre l'ostel Virginité.
    Ainsi par toute la cité *243a*
Des chevaliers parole tienent.
3370 Chiés le roi mult bel se contienent
En son palois la sous amont,

Si que pur tout l'avoir du mont
Ne me tenisse d'aler la.

    Tout soul, que nul o moi n'ala,
3375 Alai si c'a la meistre porte.
Quant cil me vit qui les clés porte
Maintenant me dit: —Estés sus!
Biau sire, çaeins n'entre nus
S'il nest mult justes e loiaus.
3380 Vous n'estes mie des roiaus,
Ne n'avés mie robe honeste;
Quant n'aviés robe de feste
Coment entrastes vous ceiens?

    Quant jo vi que c'estoit noiens
3385 E que n'i demoreie pas,
Mult vergonceus isnele pas
Du baille issi, que n'i ot el,
E m'en reving a mon hostel,
C'onques meillor hostel ne vi
3390 Chiés Largesce, ou fumes servi
De plus qu'il ne nus couvint.

    La nuit ala e le jur vint
Pur enluminer tout le mont
Qu'en la tor du chastel amont;
3395 En estives de Cornevaille
Corna la gaite, qui sanz faille
Le sot prendre si bien a point
Qu'il em paroit si poi, que point
Ne paroit, qu'il em pareüst
3400 Ains que Phebus apareüst,
Qui estaint toutes les esteilles.

    Verité vraies noveles
D'Antecrit el palais conta,
E dient tuit que grant honte a
3405 Faite au roi e a sa cort;
A itant la parole cort
Si c'au Seignur du firmament
Que Antecrit, qui volentiers ment,
Qui ot fianché prison,
3410 Par orgoil e par mesprision

243b

Avoit mentie sa fiance,
E que il de Desesperance
S'estoit emblié a mie nuit.
E traïson qui le conduit
3415 L'a ja mis el chemin ferré
D'Enfer, e ont ja tant erré
Le chemin que Raoul descrit,
Que ja sont les gent Antecrit
A une jornee d'Enfer,
3420 E du roiaume Mulciber
Ont ja passé les pons estrois
E tous les infernals destrois,
E que Traïson, qui le guie,
En la cité de Foi-Mentie   *243c*
3425 Les a fait par peur embatre
E ont fait cauciés abatre
E tous les pons ont abatus
De la vile, ou sont embatus,
E la voudront contretenir
3430 Se nul ose sus eus venir.
        Quant s'ot le roi du firmament,
Tous ses barons a parlement
En son grant palais assembla.
Sapience, ço me sembla,
3435 Qui est de plaisante maniere,
Son avis dit toute premiere
E bel e gentement parla:
        —Sire, se vous alez par la,
Par ou Antecrit est alés,
3440 Vous n'avrés ou en devalés
Tous les destrois de Foi-Mentie,
E jo ne sai nule partie
Par ou nus hom mortel i aille,
E Foi-Mentie est de vitaille
3445 E de chevaliers si garnie
Que nul prince qui soit en vie
N'a pooir de lui afamer,
Car ele est close de la mer

D'une part, e d'autre partie
3450 De riviere portant navie,
Si qu'engin n'i puet avenir,
Ne nul ne puet siege tenir   *243d*
A mains de .II. liues entor,
N'il n'i a torrele ne tor
3455 Que Mulciber n'ait maçonee
De tiule od ciment destempree,
Cuite en la fornaise d'Enfer.
Vulcanus les portes d'Enfer
En sa forge toutes forja,
3460 Qui son hostel e sa forge a
Pres du goufre de Saternie,
El grant chemin de Foi-Mentie
E de Mort-Subite d'Enfer.
    E d'autre part veés yver,
3465 Que nus home ne puet ostoier.
Laissiés Antecrit delaier
Tout cest yver a Foi-Mentie,
E menés vostre baronie
En vostre gloire pardurable.
3470   Tuit le baron a bien metable
Tindrent le conseil Sapience;
Tuit s'acordent a sa sentence
E le roi, qui mult het descorde,
Sous tous a son conseil s'acorde;
3475 E Providence sa suer mande
E estroitement li commande,
Qu'ele aut avant e qu'ele porvoie
Le bel chemin, la bele voie
De Paradis, qui mult est droite.
3480 Mes mult par est dure e estroite   *244a*
E a mult des felons pas.
    E Providence isnele pas
Le hernois le roi atorna.
Atant d'Esperance torna;
3485 Le roi du ciel a mult grant joie.
Mes al issir de la Montjoie
M'estoit tout veraiment avis

Que c'estoit la gent de Parvis,
Car trop grant joie demenoient.
3490 Qui oïst, coment tintonnoient
Li lorain a ces chevaliers,
Mult les escoutast volentiers,
E el veïr se delitast
E mult volentiers escoutast
3495 Ces noviaus chevaliers chanter,
Ces menestrieus fleuter
Qui sont cointes e envoisiés,
E sous ces chevaliers proisiés
Henir ces riches palefrois.
3500   Des anges fu grant li effrois
Qui sonent trompes e araines.
De .X. grans liues toutes plaines
Voit l'en cele procession.
  Au seint jor del Ascencion
3505 En l'air s'en monterent de la sus
Chantant: —Sanctus, Sanctus, Sanctus,
E vont au ciel eles tendues.
  Atant entre par mi les nues   *244b*
La celestial legion.
3510   A ma Dame Religion
Me bailla le roi en conduit,
Mes encor ne m'a pas conduit
Religion, ço m'est avis,
D'Esperance jusqu'en Parvis.
3515 Mes en la fin ai tant erré
Que jo sui el chemin ferré
De Parvis. S'en moi ne remaint,
Religion pri, que m'i maint
Qui m'a ja mené par le main
3520 Dés c'a l'Eglise Saint-Germain
Des-Prés, lés les murs de Paris;
De la me merra en Parvis
Se de lui servir ne recroi,
Si voirement com jo croi
3525 Que se bien fas, qu'il m'ert meri.

Si gart Deus Hugon de Meri
Qui a grant peine fist cest livre,
Car n'osoit pas prendre a delivre
Le bel franchois a son talent,
3530 Car cil qui trouverent avant
En ont cuilli toute l'eslite;
Pur ço est cest ovre mains eslite
E plus fu fort a achever.
    Mult mis grant paine a eschiver
3535 Les dis Raoul e Crestien,   *244b*
Que onques bouche de Crestien
Ne dit si bien com il disoient.
Mes quan qu'il distrent, il prenoient
Le bel françois trestout a plain
3540 Si cum il lor venoit a main,
Si c'aprés eus n'ont rien guerpi.
    Si j'ai trové aucun espi
Aprés la main as mesteviers,
Jo l'ai glané mult volentiers.

3545 Ci finit le tornoiement Anticrist;
Comandé seit l'escrivein a Jhesu Crist.

REJECTED READINGS OF MANUSCRIPT D

(All readings accepted in place of these come from MSS A or E.)

27	*Ll* for *Il*	713	*Sant*
140	*munde* for *reonde*	717	*Desperance*
152	*puing* lacking	719	*desrougiés*
162	*Ke* for *Pius*	726	*E Tort, qui tuz les mals en-tice*
175	*Rescunsu*		
176	*detut*	735	*one*
178	*mul*	742	*cors;* lines 736-741 were out of order, appearing: 736, 739, 740, 737, 738, 741.
187	*Del* for *Li*		
203	*Quant*		
241	*Ke* si	763	*e* for *par*
265	*Mult*	828	*Coutichié*
310	*que* for *qui*	856	*er*
325	*Tornient*	889	*Guerdoné*
335	*Entranes*	903	*ces* for *sens*
355	*mes* for *viés*	913	*courent a* for *Coruz e*
407	*cous* for *sons*	928	*sentier*
423	*ensai*	930	*E de; nues* for *venues*
476	*cum .I.* for *que ou*	947	*cachiez*
489	*aveirguas*	958	*seigné* for *seigne*
490	*puiernas*	981	*femee*
495	*cels* for *sons*	994	*Et* lacking
537	*Rodes ne Veracles*	1000	*lovel*
541	*portot*	1001	*fosse*
546	*peu* lacking	1012	*niés*
556	*nuit* for *vint*	1029	*De Fornicacion*
557	*sonpechonneuse*	1033	*Que ot*
562	*voloient*	1044	*Nee*
573	*hauste*	1064	*nons* for *cyons*
575	*O* lacking	1077	*bien* for *beü*
658	*iautoer* for *sautoir*	1080	*aprés tute* for *est aprés*
681	*chapes a eles* for *campene-les*	1126	*parmi*
		1192	*Fi*
682	*e* lacking	1209	*d* lacking
698	*partut*	1212	*Negligance*
711	*triene*	1235	*Pues*

1236	*pues*	1926	*Geure*
1238	*Monoie*	1937	*le tiers; de* lacking
1270	*ostelé*	1947	*desgisés*
1284	*inius* for *mius*	1967	*lechiés*
1310	*quiers*	1990	*Prouesce*
1313	*Nos* for *Ne*	1991	*Giglés e Sauserot*
1316	*amustant* for *amirans*	1994	*Grovains Cardus e Melangis*
1349	*aranme*	1999	*Ydoine*
1352	*augres*	2021	*e* lacking
1362	*region*	2026	*Que par cheval, que*
1378	*e de*	2049	*Baraignier*
1381	*monta*	2056	*Me* for *Mais*
1392	*quant* for *que*	2060	*losengié* for *rengié*
1398	*monté*	2062	*Desperance*
1403	*Bras-de-Fe*	2097	*a lacier* for *alee*
1417	*privilegie*	2103	*Techon*
1429	*venue*	2104	*Corut*
1439	*veelees*	2138	*cliche*
1462	*manire*	2140	*Larcin*
1512	*liure*	2144-2149	lacking; ms E used
1537	*e* for *cum*	2175	*ensamble*
1552	*s'anance*	2180	*le* for *a .I.*
1561	*on* for *un*	2246	*ferme* for *ferue*
1577	*tacs*	2281	*Glotenereie*
1578	*Liave*	2282	*vie* for *nie*
1589	*bas*	2291	*descoute*
1595	*Deme*	2295	*.I.* lacking
1646	*carcier*	2326	*E* for *Le*
1648	*toit*	2332	*veche* for *venge*
1659	*e mesprent* for *en present*	2343	*Giglés*
1660	*doneor mesprent* for *deman-* *deour present*	2356	*aderesce*
		2403	*poin*
1676	*desperance*	2407	*piu* for *pin*
1681	*eu*	2411	*decordent*
1682	*son*	2437	*cous* lacking
1720	*Portaite*	2448	*dovroit*
1724	*les previer*	2455	*fuier*
1736	*dras* for *dars*	2456	line lacking; E used
1754	*qu'en* for *que*	2459	*Cereberus*
1755	*Si ke le fer l'en fust*	2470	*Cereberus*
1806	*Si* lacking; *l'Alixandre*	2488	*sorpenes*
1830	*trechon*	2497	*tiers, couler*
1837	*Deboireté*	2499	*lieu* for *mi l'air*
1840	*ad l'Olivier*	2536	*S'* lacking
1867	*sieut Patience*	2616	*pesines* for *pesmes*
1875	*Que* for *E*	2632	*pus* for *puis*
1877	*Avoit plas relusant que pars*	2659	*alegance*
1894	*.II. de*	2666	*le*
1898	*vasal*	2669	*sonpechon*
1903	*ne* lacking	2695	*rere* for *traire*
1911	*otl eot* for *oeul k'ot*	2704	*lasset*

2707	*dieuesse*
2736	*quels* for *quers*
2752	*ont* for *ou*
2773	*Audijois*
2776	*E de*
2784	*Audijois*
2795	*a* lacking
2844	*an* for *au*
2850	*i* for *li*
2872	*furent* lacking
2873	*elices*
2874	*rices*
2897	*cas* for *as*
2921	*angle*
2939	*E de*
2967	*sorfert*
2977	*renser, o'a*
2984	*ferir*
2997	*desranee*
3018	*beue* for *bone*
3036	*m* for *me*
3099	*des* lacking
3114	*pirre*
3119	*angre*
3133	*espers*
3169	*noblent*
3174	*bonieres*
3175	*l* for *i*
3176	*proroie*
3179	*tois*

3200	*a* for *as*
3203	*digner*
3204	*digner, digner*
3210	*digner*
3218	*Qui* for *Que, mueus* for *envieus*
3220	*Qui* for *Que*
3230	*angres*
3249	*curt*
3256	*compaigne* for *coup*
3258	*moi*
3277	*serians*
3296	*fier fier*
3299	*eraument*
3306	*Te* for *Le*
3335	*Chiefs*
3350	*Cereberus*
3355	*menuje*
3374	*a* for *o*
3379	*liaus*
3400	*soleil* for *Phebus*
3402	*Que Verité*
3458	*Ouleanus*
3460	*son goufre* for *sa forge*
3470	*estable*
3488	*M'* lacking
3500	*angres*
3509	*region*
3521	*De;* second *les* lacking
3543	*mestriers*

GLOSSARY

and Index of Proper Names

Note: Line references of frequently-found names are usually given only for the first time they are used. Names of literary or historical importance are listed as often as they appear in the text. Personified virtues and vices have not been included unless the meaning is unclear.

Furthermore, the following abbreviations indicate the sources of some of the definitions:

C — Cotgrave, *A Dictionarie of the French and English Tongues*
G — Godefroy, *Dictionnaire de l'ancienne langue française*
A — A. J. Greimas, *Dictionnaire de l'Ancien Français*

A

Aaron 1441
aatine 2158   pain, effort
abuisier 241   run against, stumble
aconsuimes 285   pf. ind. *aconsuivre,* to attain by pursuit
Aden 890, 3296   Adam
adenté 702   beaten, upside down
agironnés 1141   heraldry: gyroned.
aisil 975   vinager
Alexandre 1647, 1806, 2360
alier 1971   service-tree
anchois 353   but rather
Angaigne 1538   see *Engeigne*
Anticrist 26, etc.
Apocalise 1425   Apocalypse
Apolin 579, 2892   Apollo
Archedeclin 450   The name comes from the title "Chief Steward" at the Cana wedding feast. "Les poètes du moyen âge ont fini par prendre le maître d'hôtel chargé de ce festin nuptial, pour le mari lui-même." (Tarbé)
Argus 1911
arrement 810   ink
Ars 1879 .VII. Ars: the Trivium and Quadrivium
Artus 1978   Arthur

Ascension 3166, 3504
asenee 2114 p. p. *asener,* to run against, attack
ator 3233 ornamentation, armor
Aubijois 2773, 2784 Albigensians
Aumarie 1475 unknown land in Asia?
avertin 2636 lunacy (C)
avouteire 1037 Adultery. His unnamed cousin in l. 1042 is probably Incest.
aymant 553 adamant (C), an imaginary stone of impenetrable hardness

B

bar 1145 trickery, gambling game
Barat 792 graft
baston 1628 heraldry: baton, a diminutive of bend sinister; a mark of bastardy
Baucent 2817 piebald horse
Belzebuc 566 Beelzebub
beldequin 685 "riche drap de soie" (G)
belif 743 askew
beisanz 384 heraldry: bezants (from coins familiar to Crusaders)
bende 543 heraldry: bend
Berceliande 55, etc. Broceliande
bersé 2299 p. p. *berser,* to hit with an arrow
billeté 1703 p. p. *billeter,* to make recognizable
Bisterne 2778
Boban 604 Pride
bochu 741 covered with tumors and ulcers
Bogres 2776 see *Bugres*
Boloigne 32 Bologna
Borgeignons 701 Burgundians
boterel 633 toad
braidif 2855 fast, fiery
Bras-de-Fer 287, etc. Antichrist's chamberlain
Bretaigne 30, etc. Brittany
bretesces, bretasches 284 parapet, balcony
broche 233 prs. ind. *brocher,* to pierce with a pointed weapon
broié, 438 p. p. *broier,* to grind finely
Brun 704 Brun the Bear, from *Roman de Renart* stories
Bugre 891 member of a heretical sect from Bulgaria
burelees 986 heraldry: barry, baruly

C

Caors 2772 Cahors, town in southern France; Caoursin, 777
caple 2387 violent blow (A)
carme 2705 charm
Cartaine 417 Cathar
catir 2828 to thrust hard together (C)
cauciés 707 "chaussée" (G); street
cembel 582 "embuscade, provocation" (G)

cendé 899   "Cendal: étoffe légère de soie ... analogue au taffetas." (G)
Cerberus 591, 2459, 2470, 3350   Mythological three-headed dog guarding
   the entrance to Hades
cerne 2630   magic circle
chamahou 627   cameo
chanole 2869   trachea, windpipe
chapelés 983   wreath of flowers
chiche 2138   chick-pea; fig., scanty, stingy
chotoit 643   imp. i. *choter,* from *choper,* to stumble, hit
citole 2870   "instrument de musique à cordes, peut-être le cythara des
   anciens." (G)
Cligés 1991, 2343   Hero of Chrétien de Troyes' romance by that name
clochant 729   pres. p. *clochier,* to limp, stumble
Cointise 661   Coquetry
Collagrujanz 195   Callogrenans, knight in the romance of *Yvain ou Le
   Chevalier au Lion.* See Introduction, section F.
Coloigne 2131   Cologne
Compaigne 29   Champagne
contichié 828   p. p. *contichier,* to spot, sully
Cordes 1316   Cordova
corne 3157   *faire l'iaue c.:* give the signal to wash hands
Cornevaille 2023, 3395   Cornwall
Coruz 713   Anger
Coupe-Gorge 944   Cut-Throat, sword of Murder
covient 265   pres. i. *covenir,* to be necessary
crapaudines 622   toadstone, a magical stone believed to come from the
   head of a toad, possessing powers to ward off poison or serve as
   antidote. They were often the fossilized scale of a ganoid fish.
cras 973   fat
cresme 106   chrism
Crestiens 21, etc.   Christian
Crestiens de Troies 22-23, 103, 2601, 3535
crever 420   to appear (speaking of dawn)
croissant 1594   heraldry: crescent; one of the marks of the second son.
crotelevés 1007   "Couvert de plaies, de boutons, de croûtes galeuses et
   purulantes." (G)
Cupido 2543, etc.

D

Dacien 1778
dansés 667   heraldry: dancetty, a zig-zag line dividing a shield.
Davi (David) 1871, 3274
deboissiés 3144   ornately carved, sculpted
dehés 1106   damnation
demaine 1892   private
demanois 286   alert, strong, violent
denree 3221   "Quantité qu'on pouvait acheter pour un denier." (G)
Desesperance 348, etc.   Antichrist's fortress
Deus 143, etc.   God
devisé 855   p. p. *deviser,* to tell, describe

diapre 1459   "Drap de soie à fleurs, à ramages, à arabesques. (G)
dois 3179   dais
dragié 434   "sorte de sucrerie" (G)
druerie 555   love, amorous intrigue
Durendart 952   Roland's sword Durendal
Dyane 2707   Diana, goddess of chastity

E

el 2417   other: *or n'i a el,* now there is no alternative
emblé 917   p. p. *embler,* to steal (A)
empaint 2867   prs. ind. *empaindre,* to push, throw violently, beat; noun,
   fight, battle (A)
enarmes 2920   "Courroie qui servait à passer le bras pour tenir le bouclier
   dans l'attente du combat." (G)
Enfer 292, etc.   Hell
Engeigne 64, etc.   Ardennes?
Englois 1078   English
enkenuit 309   tonight
ente 3298   branch
entredeus 2489   "Coup donné par le milieu de la tête." (G)
entret 2697   unguent
Eracles 537   Heracles, variant of Hercules
Ercules 581   Hercules
Erodes 537   Herod
erraument 3299   quickly
escaboucle 1272   carbuncle
eschalas 1089   vine-prop
Escot 1078   Scots
Espaigne 216, 908, 2512 Spain
Esperance 351, etc.   Christ's fortress
espoir 356   prs. ind. *esperer,* to hope, believe, judge
espuchier 109   to drain
essoi 2238   danger
estachons 456   for *eschançon,* "officier chargé de servir à boire au
   seigneur." (A)
estives 3395   "espèce de flute qui venait de Cornouaille." (G)
estor 549   battle, joust
estrier 502   "bar de fer, coudée en deux endroits, qui sert à soutenir une
   poutre." (G)
estrif 279   stirrup; strife
estuet 1739   prs. ind. *estovoir,* to be necessary; noun: necessity
euré 1426   storm
Evangiles 1273
Eve 3269
Ezechiel 3108, 3123, 3128

F

Fantié 827   Pretence, Dissimulation
fauchié 1495   p. p. *fauchier,* to mow, reap

ferin 550   savage, wild

fesse 1001   heraldry: symbol of knighthood; a horizontal band in the middle of the shield, representing the waistband

fiance 1955   prs. ind. *fiancer,* to promise; *fiancer prison:* to give one's word not to try to escape

fievre 946   (sword) smith

fierce 1398   queen, in chess

flati 135   p. p. *flatir,* to throw, pour

flouretté 860   heraldry: flory, floretty; adorned with fleurs-de-lis

flum 1033   river

foison 305   abundance

Forsenerie 714   Madness

fourcele 2265   stomach, chest

fous 131   birch tree

frain 1609   bit, bridle

fraisnines 2129   of ash

François 28, etc.   French

freinte 696   tumult; action of breaking

fresel, fresiaus 678   fringe

fretee 545   heraldry: fretty

Frise 562   Frisia

fust 679   of wood; handle of a lance; wood of a shield

G

Gabriel 1372, etc.

Gaçon 489   Gascon

galesces 283   "gaulois," of France

gambesons 980   "Pourpoint rembourré, qu'on portait long et pendant sur les cuisses, par dessous le haubert ou la cotte de mailles pour préserver la peau et les habits de frottements." (G)

garites 329   keep, turret

Gavain 934, 1840, 1984, 2341   Gawain

Germain — Saint-Germain-des-Prés 3520-21

geules 614   gules, red

gié 469   pron. I

gingebras 475   "Gingembre confit, sous forme de pâte." (G)

glaive 915   lance, javelin; massacre; calamity (A)

Gorvains Cadrus 1994   friend of Meraugis de Portlesguez and his rival for the hand of Lydoine (q. v.)

graisle 1349   kind of trumpet or cornet

guenches 582   *faire guenches:* to flee; a ruse, trap

guerpi 232   p. p. *guerpir,* to abandon, reject

guerredoné 890 p. p.   *guerredoner,* to reward

Guersoi 426   Drinking Bout, or a challenge to one

H

haire 1562   hair shirt

hanaps 403   drinking cup

hanste 250   handle of a weapon

Helequin 686 a frightening apparition; see Le Roux de Lincy, *Le Livre des légendes* (Paris, 1836), pp. 149 ff. and 240 ff.

Herode 1779

hordeis 326 "Ouvrage en bois dressé au sommet des courtines ou des tours et surplombant le pied de la maçonnerie." (G)

Hugon de Meri 3526

huieseliers 306 usurer

I

ignelement 265 quickly

Illande 2005, 2023 Ireland

Inde 1288 India

isnelepas 2446 immediately

J

Jerusalem 3129, 3135

Jhesu (Crist) 1289, etc.

Johan, Seint 3209 St. John

Jupiter 575

K

karniaus, kernelees 318, 328 crenellated

Keu 2008, 2350 Sir Kay, evil and cowardly seneschal of Arthur

L

label 699 "En blason, brisure la plus noble de toutes, qui se forme par un filet large de la neuvième parti du chief." (G)

lambroisiés 3143 wainscoted

Lancelot 1991, 2343

lande 71 open space

langue 748 "Bande d'étoffe ou d'autre chose en forme de langue." (G)

larder 559 to burn; figuratively, to harm

Larecin 904 Larceny

latin 203 figuratively, language

laton 3150 brass

lechiés 1967 laced

lee 316 wide, vast

lemele 65 blade

lés 3521 beside, near

leschefrite 2694 dripping pan, grease pan

let 737 see lié

lices 321 barrier, tournament field

lié 311 joyous

listé 886 bordered, fringed

loche 733 prs. ind. *locher,* to stumble, lie askew

Lombart 2384 Lombard

Longis 1291 according to legend, the soldier whose lance pierced Christ's side on the cross.

lorain 684   "Courroie de cuir façonnée, ornant le poitral et la croupe du cheval et servant à maintenir la selle." (G)

losengié 668   heraldry: lozengy

Lot 934, 1992

Lucifer 1367

Lydoine 1999   heroine of the story of Meraugis de Portlesguez (q. v.)

M

Malclerc 38   Pierre Mauclerc, Duke of Brittany; see Introduction, section D.

Mars 583, 2876, 2880

mas 740   sorry, wretched

maté 2439   "Désignait le métier des voleurs, des matois, qui tirait ce nom... d'un lieu nommé la Mate, ou ils se rassemblaient pour faire leurs complots." (G)

Mazonie 1507   Amazonia

mehaing 2431   mutilation, wound

Megera 589   wife of Heracles

Melen 2774   Milan

Meraugis 1994   Meraugis de Portlesguez, hero of the romance of that name by Raoul de Houdenc; see Bibliography.

Mercurius 580, 2887

metable 1557   useful

meüres 600   mulberries (n.); dark purple (adj.)

Michel, Seint 1363, etc.

mire 2629   physician

misericorde 1280   "Epée très courte, sorte de poignard que chevaliers portaient de l'autre côté de l'épée et qui servait à achever l'ennemi abattu, s'il ne criait miséricorde." (G)

Monjoie 1232, 3131, etc.   battlecry; see fn. 57.

Mor 215   Moor

Mortaigne 215, 1797   Mauretania

moulu 2945   sharp

mué 991   p. p. *muer,* to molt

muis 151   grain measure

Mulciber 3420, 3455

N

nasal 1898   part of helmet that protected the nose

neelees 1439   of niello work

neïs 1799   not even; not at all; even though

Nepturnus 583, 2889   Neptune

nie 464   prs. ind. *nier,* to drown

Nobles 616   Noble the Lion, from the *Roman de Renart* stories

noient 505   nothing

noifs 1511   snow

Normandie 640

Normans 1078

Nostre Dame 1275, etc.

O

oci 3296 cry of the nightingale
ocir 269 kill
od 296 with
Olivier 1840 Roland's companion
Orcanie 2002
orendroit 269 now, from now on
Orliens 1083, 1094 Orléans
ostoier 3465 to do battle
our 1699 heraldry: a border
outredoutés 1773 dreaded, awesome
outrequidié 727 presumtuous, self-assertive

P

paile 1475 "Riche drap d'or ou de soie rayée, qui venait d'Alexandrie." (G)
palu 288 swamp
papejais 672 parrot
Papelars 870 heretical group
Paradis 157
Paris 3521
parsome 472 summary; conclusion; total
passe 1726 sparrow
Pavie 2774 Pavia, Italy
Perceval 2004, 2026
Phebus 3400 the sun
Picars 955
Pluto 557, etc. Roman god of the underworld
poin 231 pine tree
poison 1386 potion, beverage
poistral 502 "Partie du harnais du cheval, le plastron du poitrail." (G)
Poitou, Poitevin 343, 755, 915, 1117, 1731
polee 1138 for *pelee,* p. p. of *peler,* to strip
Popelicans, Puplicans 879, 2776, 2794 heretical group
posterne 1012 backdoor, loophole
poun 1894 peacock
preu 57 profit, advantage
puchai 108 perf. *puchier,* to draw water
putel 2187 mud, stagnant pond

Q

quer 56 heart

R

rabardel 487 dance accompanied by music
rade 330 fast, intrepid
Rampones 2014 Mockery
randon 2813 *en un randon,* with one stroke

Raoul de Houdenc 412, 822, 1233, 1847, 2239, 2240, 3417, 3535; the ".II. eles" in l. 1848 refers to his *Roman des Eles* of which there seems to be no published edition.

Raphael 1380, etc.

ravine 909   speed, violence

ré 2800   fire log

reculluns 1176   *marcher a reculluns,* to walk backwards

renges 1282   swordbelt

retraites 2488   "Terme d'escrime: coup donné en retirant l'arme." (G)

Rone 331   Rhône River

rue 2580   prs. ind. *ruer,* to throw, strike

S

Salerne 2629   Salerno, Italy

Salomon 1871

samit 1265   rich silken cloth from Asia

Sarazin 21   Saracen

saus 1128   weeping willow

sautoir 658   heraldry: saltire

sebelin 2431   sable

seignier 252   to cross oneself

seille 425   pail

semonant 1207   prs. part. *semondre,* to summon

setee 2573   arrow

si 43   thus; emphatic particle; if

siglaton 3149   silken cloth

sinople 373   green; occasionally, red

sistiers 453   wine measure, one twenty-fourth a *mui*

somunt 6   see *semonant*

sor 603   sorrel, brownish orange

sormontees 2489   heraldry: surmounted; fencing term: action of winning

soudee 3010   soldered, welded

T

Table Ronde 1145, 2339   Round Table

tai 2533   slough, mud-pit

talent 1194   wish, desire

talevas 739   large shield nailed up on a pike, so it can be set into the ground

Tençon 697   Argument, Strife

Thobie 1389, 1392   See Tobias 2:10-14, 6:1-9, 11:1-16.

tires 2428   silken cloth from Tyre

Tiserant 2784, 2793   "weaver," Albigensian

toise 2896   measure of distance: six feet

Torne-en-Fuie 1193   Turn-in-Flight, Cowardice's warhorse

tortiaus 1006   heraldry: roundels tinctured gules

trechon 1830   heraldry: tressure, a thin border born flory

Toulousen 2773   of Toulouse

tres 377   for *tref,* tent

tret 428 "a tret: action d'avaler liqueur d'une seule haleine." (G); heraldry: a thin stripe on a shield

trouflois 1096 for *chouflois, chiflois:* whistling

Tyre 2428 ancient capital of Phoenicia, in what is present-day Lebanon

U

Uter Pendragon 1979 father of Arthur

V

Venus 2543, etc.

Virge (Mere Marie) 1453

voisilié 313 for *voisié,* gay, frolicsome

Vulcanus 3458 Greek god of the underworld, and of fire and forges

Y

Yvain 1986, 2343

A SELECTED BIBLIOGRAPHY

Bainton, Roland H. *The Medieval Church.* New York, 1962.

Bec, Pierre. *Petite Anthologie de la lyrique occitane du Moyen Age.* Avignon, 1966.

Belperron, Pierre. *La Croisade contre les Albigeois et l'union du Langue-doc à la France. (1209-1249).* Paris, 1959.

Brun, Auguste. *Parlers Régionaux.* Paris, 1944.

Cahiers de Fanjeaux. *Cathares en Languedoc.* Toulouse, 1968.

Cappelli, Adriano. *Dizionario di Abbreviature Latine ed Italiane.* Milan, 1967.

Cotgrave, Randle. *A Dictionarie of the French and English Tongues.* London, 1611, reprinted Columbia, S. C., 1968.

Dauzat, Albert. *Dictionnaire étymologique des noms de lieux en France.* Paris, 1963.

De Lincy, Le Roux. *Le Livre des légendes.* Paris, 1836.

Diament Henri, "La légende dyonisienne et la juxtaposition des toponymes *Montjoie* et *Saint-Denis* dans la formation du cri de guerre." *Romance Notes,* Vol. 13, pp. 177-80.

————. "Une interprétation hagio-toponymique de l'ancien cri de guerre des Français: Monjoie Saint-Denis!" *Romance Notes,* Vol. 12 (1971), pp. 447-57.

Dictionnaire des Communes. Paris, 1939.

Estienne, Henri. *La Précellence du langage françois.* Paris, 1579; reprinted Paris, 1896.

Fauchet, Claude. *Recveil de l'Origine de la langue et poesie françoise, ryme et romans.* Paris, 1581.

Favre, L. *Dictionnaire des Termes du Vieux François par Borel.* Paris, 1882.

Fornairon, Ernest. *Le Mysthère Cathare.* Paris, 1964.

Gardner, Rosalyn, and Woods, W. S., eds. *La Chanson de Roland.* Boston, 1942.

Godefroy, Frédéric. *Dictionnaire de l'ancienne langue française.* Paris, 1882-1902.

Greimas, A. J. *Dictionnaire de l'ancien français.* Paris, 1968.

Hannedouche, S. *Manichéisme et Catharisme.* Arques, France, 1967.

Holmes, Urban Tigner, Jr. *History of Old French Literature.* New York, 1962.

———— and Radoff, Maurice. "Claude Fauchet and his Library." *PMLA,* XLIV (1929), pp. 72-73.

Holmes, Urban Tigner, Jr. and Schutz, Alexander H. *History of the French Language with Source Book,* Chapel Hill, N. C., 1948.

Kundert-Forrer, V. *Raoul de Houdenc, ein französischer Erzähler des XIII. Jahrhunderts.* Bern, 1960.

Lebesgue, Philéas, ed. *Raoul de Houdenc: Le Songe d'Enfer suivi de La Voie de Paradis.* Paris, 1908.

Le Clerc, V., ed. *Histoire Littéraire de la France.* Vol. XXII. Paris, 1842.

Lecoy de la Marche, A. *Anecdotes historiques, légendes et apologues tirés du recueil inédit d'Etienne de Bourbon, Dominicain du XIIIe siècle.* Paris, 1876.

Mazar, Benjamin, *et al.*, eds. *The Illustrated Family Encyclopedia of the Living Bible.* Chicago, 1967.

Meyer, Paul. *Histoire littéraire de France.* Vol. XXXIII. Paris, 1906.

Meyer-Lübke, W. *Romanisches Etymologisches Wörtebuch.* Heidelberg, 1968.

Michelant, H., ed. *Raoul de Houdenc: Meraugis de Portlesguez.* Paris, 1869.

Mickel, Emanuel H., Jr. "Parallels in Prudentius' *Psychomachia* and *La Chanson de Roland.*" *Studies in Philology,* LXVII, Oct. 1970.

Nelli, René. *Ecritures Cathares.* Paris, 1968.

Nelson, Jan and Carroll, Carleton, eds. *Chrétien de Troyes: Yvain ou Le Chevalier au Lion.* New York, 1968.

Noss, John B. *Man's Religions.* New York, 1964.

Reusens, Chanoine de. *Eléments de Paléographie.* Louvain, 1899.

Rothery, Guy C. *A B C of Heraldry.* London, 1915.

Sackur, Ernst. *Sibyllinische Texte und Forschungen.* Halle, 1898.

Strayer, Joseph R., and Gatzke, Hans W. *The Course of Civilization.* New York, 1961.

Tarbé, Prosper. *Le Tornoiement de l'Antichrist par Huon de Méry (Sur Seine).* Reims, 1851.

Thompson, H. J., trans. *Prudentius: Psychomachia.* London, 1949.

Walberg, E., ed. *Deux Versions inédites de la légende de l'Antéchrist.* Lund, Sweden, 1928.

Warner, H. J. *The Albigensian Heresy.* New York, 1967.

Whichard, Rogers Dey. "The Norman Dialect." Doctoral Dissertation, University of North Carolina, Chapel Hill, N. C., 1946.

Williams, G. Perrie, ed. *Renaut de Beaujeu: Le Bel Inconnu.* Paris, 1967.

Wimmer, Georg, ed. *Li Tornoiemenz Antecrit von Huon de Mery.* Marburg, 1888.

Wright, John, trans. *The Play of Antichrist.* Toronto, 1967.

Young, Karl. *The Drama of the Medieval Church.* Oxford, 1962.